高等职业教育"十四五"精品教材

电工基础与实验

主　编◎邓　勇　朱文艳　钟馨怡

副主编◎龚清林　刘郭平　金　钊

参　编◎张俊佳　王海军　钟　琦

主　审◎王　亮　温皓宇

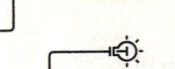

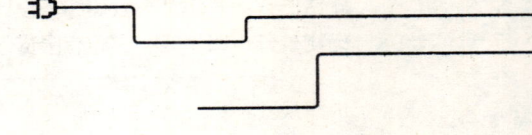

四川大学出版社
SICHUAN UNIVERSITY PRESS

图书在版编目（CIP）数据

电工基础与实验 / 邓勇，朱文艳，钟馨怡主编． 成都：四川大学出版社，2025.6. -- ISBN 978-7-5690-7927-2

Ⅰ．TM1-33

中国国家版本馆CIP数据核字第2025P2S528号

书　　名：	电工基础与实验
	Diangong Jichu yu Shiyan
主　　编：	邓　勇　朱文艳　钟馨怡
丛　书　名：	高等职业教育"十四五"精品教材

选题策划：宋彦博
责任编辑：宋彦博
责任校对：李畅炜
装帧设计：墨创文化
责任印制：李金兰

出版发行：四川大学出版社有限责任公司
　　　　　地址：成都市一环路南一段24号（610065）
　　　　　电话：（028）85408311（发行部）、85400276（总编室）
　　　　　电子邮箱：scupress@vip.163.com
　　　　　网址：https://press.scu.edu.cn
印前制作：四川胜翔数码印务设计有限公司
印刷装订：四川五洲彩印有限责任公司

成品尺寸：185mm×260mm
印　　张：10.25
字　　数：224千字

版　　次：2025年8月　第1版
印　　次：2025年8月　第1次印刷
定　　价：39.00元

本社图书如有印装质量问题，请联系发行部调换

版权所有◆侵权必究

扫码获取数字资源

四川大学出版社
微信公众号

前　言

电工技术是高职院校机电类专业一门重要的核心基础课程，该课程对学生后续专业课程的学习及以后从事机电类工作具有重要的支撑作用。本书根据高职院校电气、机电相关专业对电工基础知识及技能的需求，在笔者于2020年出版的教材《电工技术及应用》的基础上修订而成。与上一版相比，此次修订重新梳理了章节逻辑结构，更新了教学内容，理论知识以够用为原则，注重知识和技能的应用，加入了较多典型例题，并利用仿真软件Multisim设计了多个仿真实验，解决了因实验条件不足而影响学生学习效果的问题。

本书作为职业教育专业基础课教材，具有以下特色：

（1）强调知识的科学性和实用性相结合。本教材的教学内容以必需和够用为原则，每一章都设置了相应的实验操作，旨在提升学生的学习兴趣和对知识的应用能力。

（2）强调知识的应用性。为避免学生陷入复杂的推算过程，本教材在内容安排上均以实际应用为出发点，深入浅出地讲解理论知识，缓解了学生畏惧理论推算的问题。

（3）利用成熟的仿真软件Multisim，针对每一章的核心知识都巧妙地设计了仿真实验，提高了教与学的便利性。学生通过个人计算机或学校机房设备即可完成实验的仿真操作，既保障了实验的安全性，又大大降低了实验成本。

本书内容共五章：第1章为电路基础知识，第2章为电路分析方法，第3章为单相正弦交流电路，第4章为三相交流电路，第5章为磁路与变压器。

各章首先讲解理论知识，然后通过仿真实验完成理论知识的验证与应用探究。

本书为校企联合开发教材，邀请了天津工业职业学院王亮、重庆雅可比科技有限公司温皓宇担任联合主审。参编人员均具有多年教学经验，其中，重庆公共运输职业学院邓勇、朱文艳、钟馨怡担任主编，龚清林、刘郭平、金钊担任副主编。邓勇对本书的内容进行了总体策划，并负责全书统稿以及第3章、第4章的编写工作；朱文艳编写了第1章和第2章；钟馨怡编写了第5章；龚清林负责全书实验部分的编写；刘郭平负责全书插图的绘制；金钊负责全书习题的编写。此外，张俊佳、王海军、钟琦参与了部分章节内容的编写，并提供了较多的课程资源，在此一并表示感谢。

由于编者水平所限，书中难免有不足之处，恳请读者批评指正。

编　者

2025年4月

目 录

第1章　电路基础知识 ··· 1
　1.1　认识电路 ··· 2
　1.2　电路的主要物理量 ·· 5
　1.3　电路的基本元件 ··· 10
　1.4　电路的工作状态 ··· 19
　1.5　电气设备的额定值 ·· 22
　实验1　基于Multisim的电路元件伏安特性测量 ··· 23
　实验2　基于Multisim的电位、电压测量 ··· 27

第2章　电路分析方法 ·· 31
　2.1　电阻的串并联及等效变换 ··· 32
　2.2　电源的串并联及等效变换 ··· 40
　2.3　基尔霍夫定律 ·· 44
　2.4　支路电流法 ··· 49
　2.5　网孔电流法 ··· 51
　2.6　结点电压法 ··· 51
　2.7　叠加定理 ·· 53
　2.8　戴维南定理 ··· 54
　2.9　最大功率传输定律 ·· 55
　实验3　基于Multisim的基尔霍夫定律和叠加定理验证 ································ 56
　实验4　基于Multisim的最大功率传输定律研究 ··· 59

第3章　单相正弦交流电路 ·· 67
　3.1　正弦交流电的基本概念 ·· 68
　3.2　正弦交流电的表示方法 ·· 71
　3.3　单一参数的正弦交流电路 ··· 76
　3.4　RLC串并联电路 ··· 82
　3.5　谐振电路 ·· 87
　3.6　正弦交流电路的功率分析 ··· 92

3.7 功率因数的提高 ·· 95
   实验 5 基于 Multisim 的 R、L、C 元件伏安特性测量 ···································· 101
   实验 6 基于 Multisim 的 RLC 串联电路电压、电流测量 ···································· 104
   实验 7 基于 Multisim 的电路功率因数研究 ·· 106

第 4 章 三相交流电路 ·· 113
   4.1 三相交流电源 ·· 113
   4.2 三相负载的连接 ··· 117
   4.3 三相交流电路的功率 ·· 124
   实验 8 基于 Multisim 的三相交流电路测量 ·· 125

第 5 章 磁路与变压器 ·· 132
   5.1 磁路基础知识 ··· 133
   5.2 铁心线圈 ··· 135
   5.3 单相变压器 ·· 137
   5.4 三相变压器 ·· 144
   5.5 其他变压器 ·· 147
   实验 9 基于 Multisim 的单相变压器特性测试 ·· 150

参考文献 ·· 155

第 1 章　电路基础知识

本章课件

知识导图

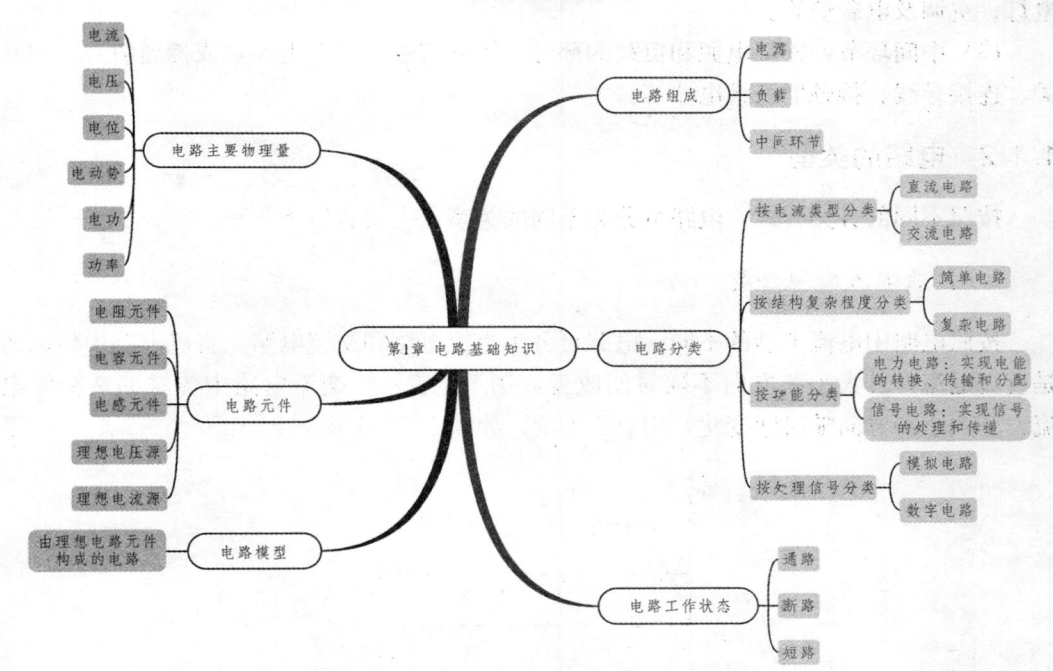

学习目标

- 能说出电路的基本组成及功能。
- 能区分电路的类型。
- 能判断电路的工作状态。
- 能描述常用的电路元件及其特性。
- 能分析与计算电路中电流、电压、电位、电动势、电功、电功率等常用物理量。

理论知识

1.1 认识电路

1.1.1 电路的组成

电路是由各种电气设备或器件按一定方式连接而成的电流通路。电路通常由电源、负载和中间环节三部分组成。

(1) 电源（供能元件）：将其他形式的能量转换为电能的部分，如发电机、电池等。

(2) 负载（耗能元件）：将电源供给的电能转换为其他形式能量的部分，如电动机、电灯、空调及电磁炉等。

(3) 中间环节：连接电源和负载的部分，用来传输及分配电能，或传递信号，如开关、连接导线、接触器及继电器等。

1.1.2 电路的类型

按照不同的分类方式，电路可分为不同的类型，主要有以下几种。

1. 按照电流类型分类

按照电路中电流类型的不同，电路可分为直流电路和交流电路。直流电路中传输的是直流电流，其大小和方向不随时间改变，用 DC 表示；交流电路中传输的是交流电流，其大小和方向随时间变化，用 AC 表示，如图 1-1 所示。

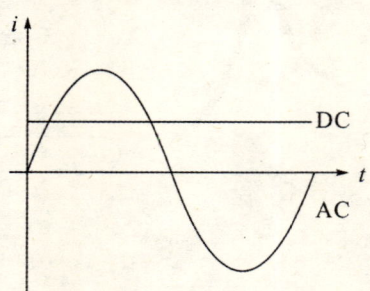

图 1-1 直流电和交流电

2. 按照电路功能分类

按照功能的不同，电路可分为电力电路和信号电路。电力电路传输的是电能，强调的是能量传输，传输的电压高、电流大。例如，国家电网中，发电厂输出的交流电经变压器升压，然后以高压传输，到达目的地后再经变压器降压并经配电设备输送到用电负载，如图 1-2 所示。信号电路传输的是弱电信息，强调的是信息内容，其能量很小，传输的电压低、电流小。例如，广播电视系统中，电视台输出的是比较弱的电信号，代表文字、语音、图像等信息内容，经电缆传输并分配到千家万户的电视信号接收机，最终文字和图像信息在屏幕上显示，语音信息经扬声器发出声音。

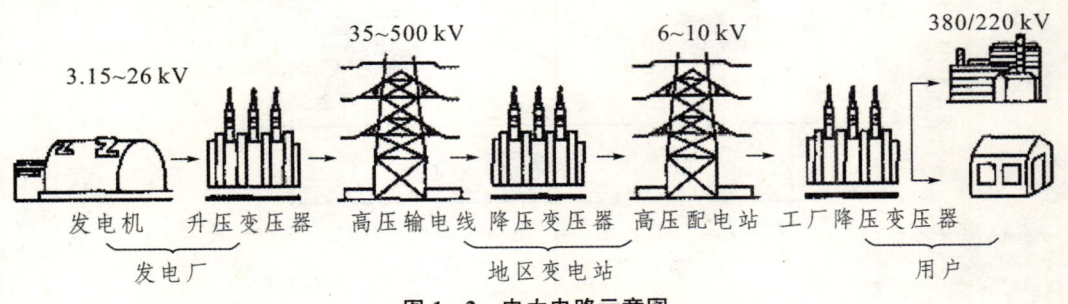

图 1-2　电力电路示意图

3. 按照电路处理的信号分类

按照处理的信号不同，电路可分为模拟电路和数字电路。模拟电路传输和处理的信号是模拟信号，其特点是幅值随时间连续变化。数字电路传输和处理的是数字信号，其特点是幅值随时间的变化是不连续的、离散的，如图 1-3 所示。

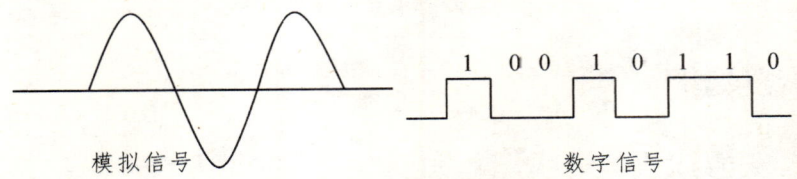

图 1-3　模拟信号和数字信号

4. 按照电路结构分类

按照结构的不同，电路可分为简单电路和复杂电路。所谓简单电路和复杂电路并不是以电路元件的多少来衡量的。通过串并联等效变换的方法最终能化简为一个回路，这样的电路一般称为简单电路；另一些不能化简为一个回路的电路，则称为复杂电路。

1.1.3　电路的功能

电路具有两个主要的功能：

（1）能实现电能的传输和分配，以及与其他形式能量的转换，如地铁供电系统，如图 1-4 所示。

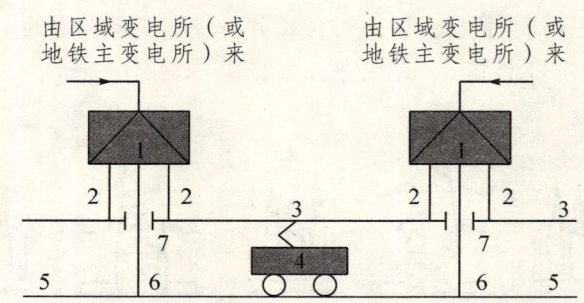

1—牵引变电所；2—馈电线；3—接触网；4—电动列车；5—钢轨；6—回流线；7—电分段。

图 1-4　地铁供电系统示意图

（2）可以实现信号的传递和处理，如广播系统，图 1-5 所示。

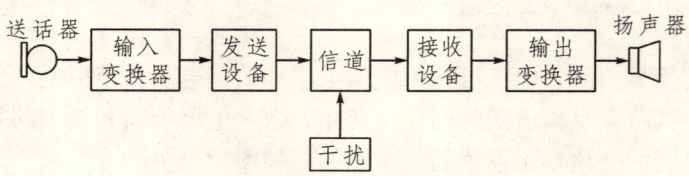

图 1-5　广播系统原理图

1.1.4　电路模型

1. 电路模型的定义

实际电路一般由三部分组成，即提供电能的设备（电池、发电机等）、传输与控制设备（连接导线、开关等）、使用电能的设备（电灯等）。由于实际电路的几何形态差异很大，并且电路中的各元器件和导线之间存在相互影响的电磁干扰，为了更方便地分析和研究问题，可以用抽象的理想电路元件及其组合，近似地代替实际的器件。由理想电路元件组成的电路称为电路模型。手电筒的电路模型如图 1-6 所示。

电路模型是由实际电路抽象而成，它只能近似地反映实际电路的电气特性。根据实际电路的不同工作条件以及对模型精确度的不同要求，应当用不同的电路模型模拟同一实际电路。这种抽象的电路模型中的元件均为理想元件。

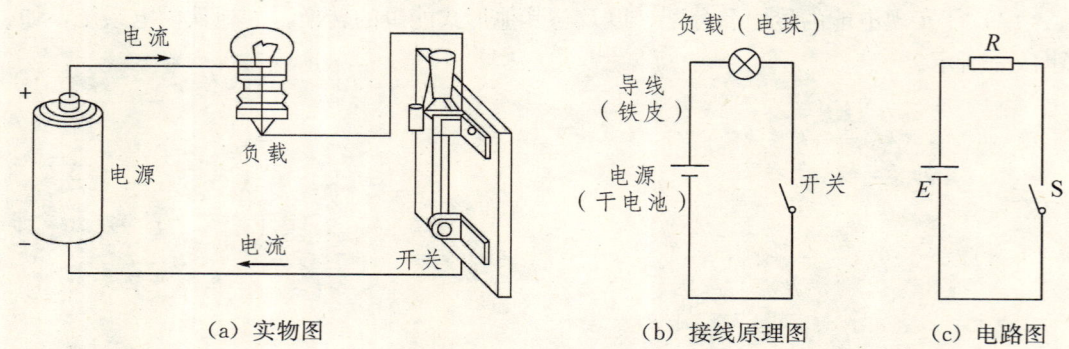

图 1-6　手电筒的电路模型

2. 常用的理想元件及其符号

常用的理想元件及其符号如表 1-1 所示。

表 1-1 常用理想元件及其符号

名称	符号	名称	符号
电阻	 ─▭─	接地	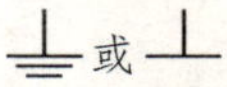 ⊥ 或 ⊥
电池	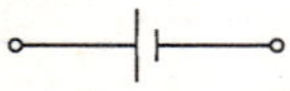 ─┤├─	熔断器	 ─▭─
电灯	 ─⊗─	电容	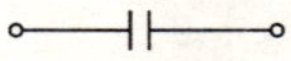 ─┤├─
开关	 ─╱─	电感	 ─⌇⌇─
电流表	 ─Ⓐ─	电压源	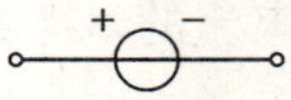 ─(+ −)─
电压表	 ─Ⓥ─	电流源	 ─Ⓓ→─

1.2 电路的主要物理量

1.2.1 电流及其参考方向

在电场力的作用下，电荷有规则地定向移动，形成了电流。电流既是一种物理现象，又是一个物理量。电流不仅有大小，而且有方向。习惯上规定正电荷移动的方向或负电荷移动的反方向为电流的实际方向，如图 1-7 所示。

图 1-7 电流的方向

在单位时间内流过导体任一横截面的电荷量被定义为电流强度，它是描述电流强弱的物理量，简称电流，用字母 I 表示。设在时间 t 内通过导体横截面的电荷量为 Q，则电流表示为

$$I = \frac{Q}{t} \tag{1-1}$$

式中　I——电流，A；

　　　Q——在时间 t 内通过导体横截面的电荷量，C（库仑）；

　　　t——时间，s。

前已叙及，根据电流变化的情况，电流有两种基本形式：直流电流和交流电流。大小和方向都不随时间变化的电流称为恒定电流，简称直流，常用字母 DC 表示。大小和方向随时间变化的电流称为交流电流，简称交流，常用字母 AC 表示；如果交流电流是按正弦规律变化的，则称为正弦交流电流。

在国际单位制（SI）中，电流的单位为安培，简称"安"，用字母 A 表示。如果 1 s 内通过导体横截面的电荷量为 1 C，则导体中的电流为 1 A。常用的电流单位还有千安（kA）、毫安（mA）和微安（μA）等，它们之间的换算关系如下：

$$1 \text{ kA} = 10^3 \text{ A}; \quad 1 \text{ A} = 10^3 \text{ mA}; \quad 1 \text{ mA} = 10^3 \text{ μA}$$

电流的方向可用箭头表示，也可用双下标表示，即用下标中的字母顺序表示电流方向。如图 1-8 所示，I_{ab} 表示电流方向是由 a 端到 b 端。

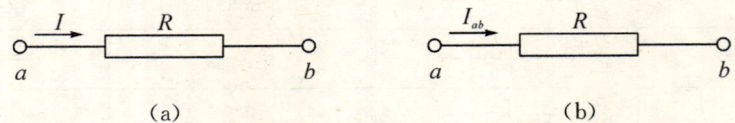

图 1-8 电流方向的表示

电流的参考方向，也称为正方向，可以任意选定，在电路中一般用箭头表示。当电流的参考方向与实际方向一致时，电流为正值（$I>0$）；当电流的参考方向与实际方向相反时，电流为负值（$I<0$），如图 1-9 所示。

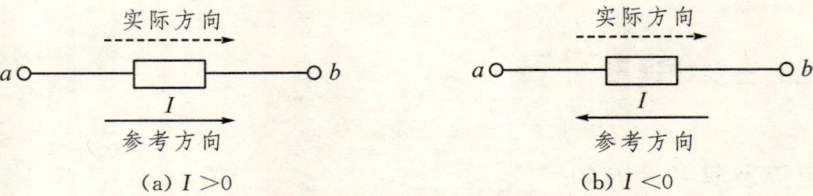

图 1-9 电流的参考方向与实际方向

1.2.2 电压及其参考方向

电压，也称作电势差或电位差，是衡量单位电荷在静电场中由于电势不同所产生的能量差的物理量。a、b 两点间的电压，用 $U_{ab}(u_{ab})$ 表示，其大小等于电场力将单位正电荷从 a 点移动到 b 点所做的功。习惯上规定电压的实际方向为从高电位点指向低电位点，即电压降的方向，可用"+""-"号表示，也可用双下标表示，如图 1-10 所示。

图 1-10 电压的表示

在电场中，若电场力将单位正电荷 Q 从 a 点移动到 b 点所做的功为 W_{ab}，则功 W_{ab} 与电荷 Q 的比值就称为这两点之间的电压。用 U_{ab} 表示，其表达式为

$$U_{ab} = \frac{W_{ab}}{Q} \tag{1-2}$$

式中　U_{ab}——a 点到 b 点间的电压（电位差），V；

　　　Q——被移动电荷的电荷量，C；

　　　W_{ab}——电场力所做的功，J。

在国际单位制中，电压的单位是伏特，简称"伏"，用字母 V 表示。常用的电压单位还有千伏（kV）、毫伏（mV）、微伏（μV）等，它们之间的换算关系如下：

$$1\ \text{kV}=10^3\ \text{V};\ 1\ \text{V}=10^3\ \text{mV};\ 1\ \text{mV}=10^3\ \mu\text{V}$$

电压的参考方向可用箭头"→"表示，也可用双下标表示（如 $U_{ab}=-U_{ba}$），还可用极性符号"+""−"表示，"+"表示高电位，"−"表示低电位。多数情况下采用双下标和极性表示法。

当电压的参考方向与实际方向一致时，电压为正（$U>0$）；当电压的参考方向与实际方向相反时，电压为负（$U<0$），如图 1—11 所示。在分析电路时，往往难以确定电压的实际方向，此时可以先任意假设电压的参考方向，再根据计算所得值的正负来确定电压的实际方向。

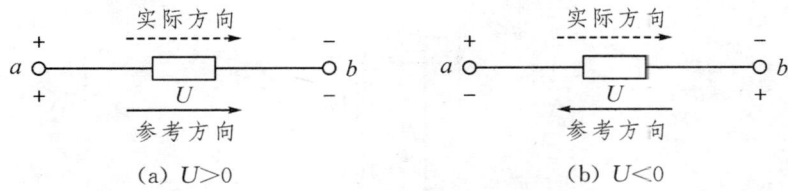

图 1—11　电压的参考方向与实际方向

为了分析电路的方便，电压和电流常取一致的参考方向，称为关联参考方向，否则称为非关联参考方向，如图 1—12 所示。

图 1—12　关联参考方向与非关联参考方向

1.2.3　电位

电场力把单位正电荷 Q 从电路中某一点 a 沿任意路径移动到参考点 O，电场力所做的功，称为 a 点的电位，记为 V_{aO}。规定参考点的电位为 0 V，即 $V_O=0$。参考点的电位为零可用符号"⏚"表示，也可用符号"⊥"表示。前者表示用大地作为参考点，后者表示用若干导线连接的公共点或机壳作为参考点。电位的单位与电压相同，用字母 V 表示。

电路中任意一点的电位，就是该点与参考点之间的电压。而电路中任意两点间的电压也可用两点间的电位差来表示，即

$$U_{ab}=V_a-V_b \tag{1-3}$$

电路中两点间的电压是不变的，电位随参考点（零电位点）选择的不同而不同。

例 1—1　如图 1—13 所示电路，已知 $U_{AC}=5$ V，$U_{BC}=2$ V，若以 A 点为参考点，求 A、B、C 三点的电位及 U_{BA}。

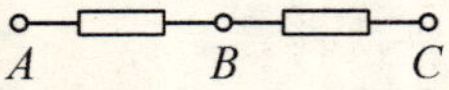

图 1-13 例 1-1 电路图

解：由于参考点为 A 点，因此 $V_A=0$ V。
由 $U_{AC}=V_A-V_C=5$ V，得 $V_C=-5$ V。
由 $U_{BC}=V_B-V_C=2$ V，得 $V_B=-3$ V。
故 $U_{BA}=V_B-V_A=-3$ V。

思考：若将参考点换成 B 点，试求题中各参数，并观察有何变化。

例 1-2 如图 1-14 所示电路，求 A 点的电位。

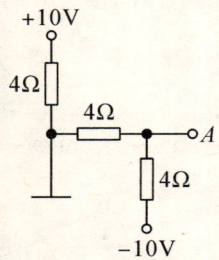

图 1-14 例 1-2 电路图

解：由于参考点在中间这个 4 Ω 电阻左侧，根据支路电流相等，故有：

$$\frac{0-V_A}{4}=\frac{V_A-(-10)}{4}$$

因此，$V_A=-5$ V。

1.2.4 电动势

在电源内部，非电场力（即局外力）把单位正电荷由低电位端（负极）移到高电位端（正极）所做的功，称为电动势，用字母 E（e）表示。电动势是衡量电源将非电能转换成电能的本领大小的物理量。电动势的实际方向在电源内部是从低电位端指向高电位端。其单位与电压单位相同，用字母 V 表示。

设在电源内部，非电场力把正电荷 Q 从低电位端移至高电位端所做功为 W，则电源的电动势为

$$E=\frac{W}{Q} \tag{1-4}$$

式中 W—— 非电场力对电荷所做的功，J；
      Q—— 被移动电荷的电荷量，C；
      E—— 电源的电动势，V。

在交流电路中，电动势用小写字母 e 来表示。电动势只存在于电源内部，在电路分析中也是一个有方向的物理量。其实际方向与电压的实际方向相反，由低电位端指向高电位端，即由电源的负极指向电源的正极。其作用就如同水泵把低处的水抽到高处一样。

在图 1-15 中，电压 U_{ab} 的大小等于电场力把单位正电荷由外电路的 a 点移到 b 点

所做的功，由高电位指向低电位的方向是电压的实际方向。电动势等于非电场力在电源内部克服电场阻力，把单位正电荷从 b 点移到 a 点所做的功。在图 1-16 中，直流电源在没有与外电路连接的情况下，电动势与两端电压大小相等。

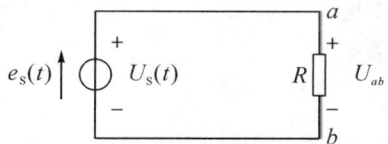

图 1-15 电压与电动势的关系

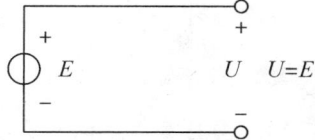

图 1-16 直流电源开路时电压与电动势的关系

1.2.5 电功与电功率

电流所做的功叫作电功。电流做功的实质是把电能转化成其他形式的能量。例如：电流使电炉发热，电能转化为内能；电流通过电灯时，灯丝发热发光，电能转化为热能和光能。电流做了多少功，就有多少电能转化为其他形式的能量，但能量的总量不变。设 a、b 两点间的电压为 U，流过的电流为 I，在时间 t 内，电荷 Q 受电场力作用从 a 点（电源正极）移动到 b 点（电源负极），则电场力所做的功为

$$W = UIt \tag{1-5}$$

式中　W——电功，J，有时电功也以千瓦·时（kW·h）为单位；

　　　U——电压，V；

　　　I——电流，A；

　　　t——通电时间，s。

电功率用来表示电流做功的快慢，也就是电场力在单位时间内所做的功。设电场力在时间 t 内所做功为 W，则电功率表示为

$$P = \frac{W}{t} = UI \tag{1-6}$$

式中，P 为电功率。

在国际单位制中，功率的单位是瓦［特］，符号为 W。常用的电功率单位还有千瓦（kW）和毫瓦（mW），它们之间的关系为

$$1\ kW = 10^3\ W；1\ W = 10^3\ mW$$

电路吸收或发出功率的判断：

① U、I 取关联参考方向：$P = UI$，如 $P > 0$，则吸收正功率（实际吸收），表明该元件是负载性质；如 $P < 0$，则吸收负功率（实际发出），表明该元件为电源。

② U、I 取非关联参考方向：$P = -UI$，结论与上述一致。

例如，标注为"220 V/1 kW"的电动机，是指该电动机运行在 220 V 电压下时，

1 s 内可将 1 000 J 的电能转换成机械能和热能；标注为 "220 V/40 W" 的电灯，表明该灯在 220 V 电压下工作时，1 s 内可将 40 J 的电能转换成光能和热能。如果用电器上实际加的电压不等于额定电压，则电功率也不等于额定电功率。

例 1—3 在图 1—17 所示电路中，已知 $U = -10$ V，$I = 2$ A，则 A、B 两点中哪点电位高？元件 P 是电源还是负载？

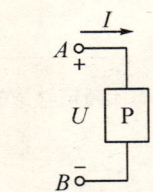

图 1—17 例 1—3 电路图

解：因 U 为负值，电压的实际方向与参考方向相反，故 B 点电位高。

又因 I、U 参考方向一致，则有：

$$P = UI = -10 \times 2 = -20 \text{ W} < 0$$

故元件 P 发出功率，是电源。

1.3 电路的基本元件

1.3.1 电阻元件

1. 电阻的基本概念

电流通过导体时，导体对电流有一定的阻碍作用，这个阻碍作用称为电阻。电阻元件一般是实际电路中的耗能元件，如灯泡、电热炉等电器。根据电阻定律，在一定温度下，导体的电阻与导体的尺寸（长短、横截面大小）及构成导体的材料有关，导体电阻的计算公式为

$$R = \rho \frac{l}{S} \tag{1-7}$$

式中 R —— 导体的电阻，Ω；

ρ —— 电阻材料的电阻率，$\Omega \cdot m$；

l —— 导体的长度，m；

S —— 导体的横截面面积，m^2。

电阻的单位是欧姆，用字母 Ω 表示。常用的电阻单位还有千欧（$k\Omega$）和兆欧（$M\Omega$），它们之间的换算关系为

$$1 \text{ M}\Omega = 10^3 \text{ k}\Omega = 10^6 \text{ }\Omega$$

常用材料在 20 ℃ 的电阻率如表 1—2 所示。

表 1-2 常用材料在 20 ℃ 的电阻率

材料名称	电阻率 $\rho/(\Omega \cdot m)$
银	$\approx 1.6 \times 10^{-8}$
铜	$\approx 1.7 \times 10^{-8}$
铝	$\approx 2.9 \times 10^{-8}$
铁	$\approx 1.0 \times 10^{-7}$
锡	$\approx 1.1 \times 10^{-7}$
钢	$\approx 2.5 \times 10^{-7}$
锰铜	$\approx 4.4 \times 10^{-7}$
康铜	$\approx 5.0 \times 10^{-7}$
镍铬合金	$\approx 1.0 \times 10^{-6}$
铁铬铝合金	$\approx 1.4 \times 10^{-6}$
铝镍铁合金	$\approx 1.6 \times 10^{-6}$
石墨	$(8 \sim 13) \times 10^{-6}$

电阻通常分为线性电阻（伏安特性曲线为直线）和非线性电阻（伏安特性曲线为曲线）。常用电阻器类型如下：R_X——线绕电阻器；R_T——碳膜电阻器；R_J——金属膜电阻器；R_S——实心电阻器。

在同一电路中，导体中的电流跟导体两端的电压成正比，跟导体的电阻成反比，这就是著名的欧姆定律。

当电阻两端的电压与流过电阻的电流是关联参考方向时，如图 1-18(a) 所示，根据欧姆定律，电压与电流成正比，有如下关系：

$$u = iR \tag{1-8}$$

当电阻两端的电压与流过电阻的电流为非关联参考方向时，如图 1-18(b) 所示，根据欧姆定律，电压与电流成反比，有如下关系：

$$u = -iR \tag{1-9}$$

图 1-18 电阻、电压、电流的关系

电阻的伏安特性是指电阻两端电压与通过它的电流之间的关系。由欧姆定律可知，电阻的伏安特性是 $u = iR$。以电流和电压为坐标轴，可画出电阻的伏安特性曲线。如电阻的数值不随电压或电流的变化而变化，是一常数，则称该电阻为线性电阻，其伏安特性表现为一条过原点的直线，如图 1-19 所示。当电阻两端的电压与流过电阻的电流不成正比关系时，电阻的伏安特性表现为曲线。该电阻的数值不是一个常数，会随电压、电流变动，故称为非线性电阻。非线性电阻的伏安特性如图 1-20 所示。

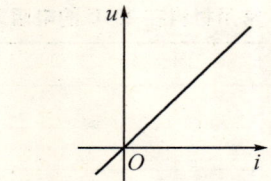

图1-19 线性电阻的伏安特性

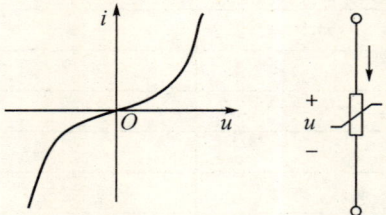

图1-20 非线性电阻的伏安特性

电阻的功率：

$$p = ui = Ri^2 = \frac{u^2}{R} \tag{1-10}$$

从式（1-10）中可以看出，不论 u、i 是正值还是负值，p 总是大于零，说明电阻元件总是消耗电功率的，与电压、电流的实际方向无关，故电阻是耗能元件。

电阻的倒数称为电导，用字母 G 表示，即

$$G = \frac{1}{R} \tag{1-11}$$

由式（1-11）可见，导体的电阻越小，电导就越大。电导值大说明导体的导电性能良好。电导的单位是西门子（S），简称"西"。

2. 电阻器的标称阻值及其标注方式

（1）电阻器的标称阻值。

电阻器的标称阻值须根据国家制定的标准标注。生产者按照国家规定的标称阻值系列生产，使用者按照国家规定的标称阻值范围选用。常用电阻器的标称阻值系列及误差等级如表1-3、表1-4所示。

表1-3 常用电阻器的标称阻值系列

系列代号	系列值	容许误差
E24	1.0　1.1　1.2　1.3　1.5　1.6　1.8　2.0　2.2　2.4　2.7　3.0　3.3　3.6　3.9　4.3　4.7　5.1　5.6　6.2　6.8　7.5　8.2　9.1	±5%
E12	1.0　1.2　1.5　1.8　2.2　2.7　3.3　3.9　4.7　5.6　6.8　8.2	±10%
E6	1.0　1.5　2..2　3.3　4.7　6.8	±20%

表 1-4　电阻器的误差等级

容许误差	±0.5%	±1%	±5%	±10%	±20%
等级	0.05	0.01	Ⅰ	Ⅱ	Ⅲ

（2）直接标注法。

直接标注法是将电阻器的阻值及误差范围直接印在电阻上。对小于 1 000 Ω 的阻值只标数值不标单位；对 kΩ、MΩ 可以只标注 k、M；精度等级只标Ⅰ级或Ⅱ级，对Ⅲ级不标明。例如："5.1k 5%"表示标称阻值 5.1 kΩ，误差 5%。

（3）文字符号法。

文字符号法是用按照一定规律组合起来的文字和数字标示电阻器的阻值与误差。例如："5Ω1"表示 5.1 Ω；"R33"表示 0.33 Ω。阻值允许误差用不同字母表示，如表 1-5 所示。例如："2R2K"表示 2.2 Ω、允许误差±10%；"6k8M"表示 6.8 kΩ、允许误差±20%。

表 1-5　阻值允许误差与字母对照表

字母	允许误差	字母	允许误差
W	±0.05%	G	±2%
B	±0.1%	J	±5%
C	±0.25%	K	±10%
D	±0.5%	M	±20%
F	±1%	N	±30%

（4）色环标注法。

体积较小的电阻器，其阻值和误差常以色环标注，即在电阻器的封装上涂上不同颜色的环形，用来表示电阻器的阻值。色环数量有四环和五环两种，从左至右进行识读。不同色环的含义如表 1-6 所示。

表 1-6　不同色环的含义

颜色	第 1 位数字	第 2 位数字	第 3 位数字（五环电阻）	乘数	误差
黑	0	0	0	$10^0=1$	
棕	1	1	1	$10^1=10$	±1%
红	2	2	2	$10^2=100$	±2%
橙	3	3	3	$10^3=1\,000$	
黄	4	4	4	$10^4=10\,000$	
绿	5	5	5	$10^5=100\,000$	±0.5%

续表

颜色	第1位数字	第2位数字	第3位数字（五环电阻）	乘数	误差
蓝	6	6	6	$10^6=1\,000\,000$	±0.25%
紫	7	7	7	$10^7=10\,000\,000$	±0.1%
灰	8	8	8	$10^8=100\,000\,000$	
白	9	9	9	$10^9=1\,000\,000\,000$	
金				$10^{-1}=0.1$	±5%
银				$10^{-2}=0.01$	±10%

注：第3位数字是五环电阻才有的。

四环电阻为普通电阻，精度较低；五环电阻的精度较高，最高精度为±0.1%，标称阻值比较准确。在读数时，一定要分清楚色环的始端和末端：离电阻器边缘较近的一端为始端，较远的一端为末端。四环电阻前两环代表有效数字，第三环表示阻值倍乘的数，最后一环代表误差；五环电阻前三环代表有效数字，第四环表示阻值倍乘的数，最后一环代表误差。误差通常是用金、银和棕三种颜色标注，金色代表误差为±5%，银色代表误差为±10%，棕色代表误差为±1%，无色代表误差为±20%。此外，偶尔也以其他颜色代表误差。

1.3.2 电容元件

电容是反映电容器储存电荷能力大小的物理量。实际电容器通常是在两块金属极板中间填充介质（如空气、云母、绝缘纸、塑料薄膜和陶瓷等）制成。当忽略电容器的漏电阻和电感时，可将其抽象为只具有储存电场能性质的电容元件。电容是电路中的基本元件之一，在各种电子产品和电力设备中有着广泛的应用。在电子技术中，电容常用于滤波、移相、选频等电路，还能起到"隔直通交"等作用；在电力系统中，电容可用来提高系统的功率因数。

电容元件能够储存电场能量。如图1-21所示，当电容元件上电压的参考方向由正极板指向负极板，则正极板上的电荷量q与两极板间的电压u有以下关系：

$$q = Cu$$
$$C = \frac{q}{u} \tag{1-12}$$

式中　C——电容量，F；
　　　q——电荷量，C；
　　　u——两极板间的电压，V。

电容只与电容器本身的性质有关，与电容器所带的电荷量及两极板间的电压无关。当电容值是正实常数时，该电容器为线性电容，其库伏特性曲线是一条通过原点的直线，如图1-22所示。

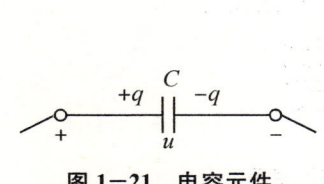 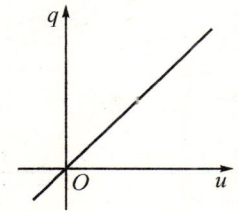

图 1-21　电容元件　　　　图 1-22　线性电容的库伏特性曲线

在国际单位制中，电容的单位是法拉（F），简称"法"。当电容元件两端的电压是 1 V，极板上的电荷量为 1 C 时，电容是 1 F。常用的电容单位还有微法（μF）和皮法（pF），它们之间的关系为

$$1\ \text{F} = 10^6\ \mu\text{F} = 10^{12}\ \text{pF}$$

当电容元件两端的电压 u 与流进正极板的电流参考方向一致时，为关联参考方向，有

$$i = \frac{\mathrm{d}q}{\mathrm{d}t} \tag{1-13}$$

把式 $q = Cu$ 代入式（1-13），得

$$i = C\frac{\mathrm{d}u}{\mathrm{d}t} \tag{1-14}$$

由式（1-14）可知：

① i 的大小取决于 u 的变化率，与 u 的大小无关，故电容是动态元件。

② 当 u 为常数（直流）时，$i=0$，电容相当于开路，故电容有隔断直流的作用。

③ 实际电路中通过电容的电流 i 为有限值，则电容两端电压 u 必定是时间的连续函数。

若电容两端电压与通过的电流为关联参考方向，则在从 0 到 τ 的时间内，元件所吸收的电能为

$$W_C = \int_0^\tau p\,\mathrm{d}t = \int_0^\tau ui\,\mathrm{d}t = C\int_0^\tau u\frac{\mathrm{d}u}{\mathrm{d}t}\mathrm{d}t = C\int_{u_0}^{u_\tau} u\,\mathrm{d}u = \frac{1}{2}Cu^2(\tau) \tag{1-15}$$

从式（1-15）中可以看出：假定 $u(0) = 0$，当 C 一定时，电场能量 W_C 随电压的增加而增加。电容的储能只与当时的电压值有关，电容电压不能跃变，这反映了储能不能跃变，且电容储存的能量一定大于或等于零。

1.3.3　电感元件

电感也称为自感系数，是反映电感元件存储磁场能能力的物理量。它是电感元件本身的固有特性，主要取决于线圈的圈数、结构及绕制方法等，与电流大小无关。电感是电路中的基本元件之一，在电子技术和电力系统中常常可以看到用导线绕制而成的线圈，如收音机中的高频扼流圈、荧光灯电路中的镇流器等，它们都是电感元件。电感能起到"阻交通直"等作用，在电力系统中可用来提高系统的功率因数。

图 1-23 所示是实际线圈的示意图，假定绕制线圈的导线无电阻，线圈有 N 匝，当线圈通以电流 i 时，在线圈内部将产生磁通 $\varPhi_L$，若磁通 $\varPhi_L$ 与线圈 N 匝都交链，则磁

链 $\Psi_L = N\Phi_L$。

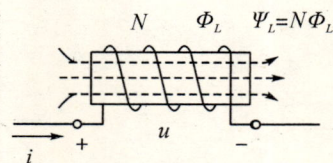

图 1-23 实际线圈示意图

在电路图中一般用图 1-24 所示符号代表上述的实际线圈,并用字母 L 表示。Φ_L 和 Ψ_L 都是线圈本身电流产生的,称为自感磁通和自感磁链。

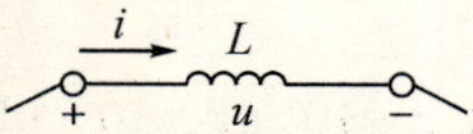

图 1-24 电感元件

当磁通 Φ_L 和磁链 Ψ_L 的参考方向与电流 i 的参考方向之间满足右手螺旋定则时,有

$$\Psi_L = N\Phi_L = Li \tag{1-16}$$

式中,L 称为线圈的自感或电感。

在国际单位制中,磁通和磁链的单位是韦伯(Wb),简称"韦",电感的单位是亨利(H),简称"亨"。常用的电感单位还有毫亨(mH)、微亨(μH),它们之间的关系为

$$1\ H = 10^3\ mH = 10^6\ \mu H$$

当 $L = \dfrac{\Psi_L}{i}$ 是正实常数时,称为线性电感,其韦安特性曲线是一条通过原点的直线,如图 1-25 所示。

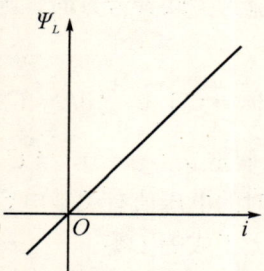

图 1-25 线性电感的韦安特性曲线

当电感元件两端电压和通过电感元件的电流为关联参考方向时,根据法拉第电磁感应定律,有

$$u = \frac{d\Psi_L}{dt} \tag{1-17}$$

把 $\Psi_L = Li$ 代入式(1-17),得

$$u = L\frac{di}{dt} \tag{1-18}$$

从式(1-18)可以看出:

① u 的大小取决于 i 的变化率，与 i 的大小无关，故电感是动态元件。
② 当 i 为常数（直流）时，$u=0$，电感相当于短路。
③ 实际电路中电感两端电压 u 为有限值，则电感电流 i 不能跃变，必定是时间的连续函数。

若电感元件两端电压和通过电感元件的电流为关联参考方向，则在从 0 到 τ 的时间内，电感元件所吸收的电能为

$$W_L = \int_0^\tau p\,\mathrm{d}t = \int_0^\tau ui\,\mathrm{d}t = L\int_0^\tau i\frac{\mathrm{d}i}{\mathrm{d}t}\mathrm{d}t = L\int_{i_0}^{i_\tau} i\,\mathrm{d}i = \frac{1}{2}Li^2(\tau) \tag{1-19}$$

从式（1-19）中可看出：假定 $i(0)=0$，L 一定时，磁场能量 W_L 随着电流的增加而增加。电感的储能只与当时的电流值有关，电感电流不能跃变，这反映了储能不能跃变，且电感储存的能量一定大于或等于零。

1.3.4 电压源

1. 电压源的概念

电源在产生电能的同时，也存在能量的消耗。若把电源消耗的电能视为一个称作内阻的电阻所消耗的电能，那么任何一个实际的电源都可以用一个理想电压源和内阻相串联的电路模型来表示，这种电路模型称为电压源模型，简称电压源。

理想电压源：向外提供一个恒定的或按某一特定规律随时间变化的端电压，如图 1-26 所示。通常，稳压电源（稳压器）和新的干电池都可以近似地认为是理想电压源。

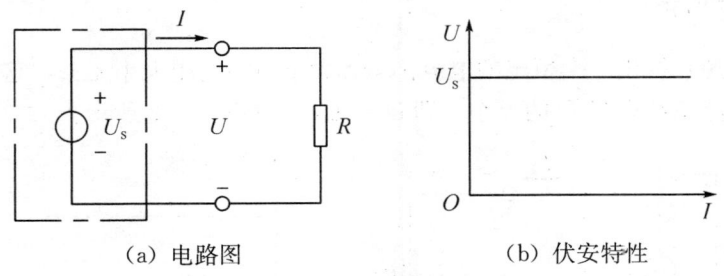

(a) 电路图　　　　　　(b) 伏安特性

图 1-26　理想电压源

2. 电压源的伏安特性

实际电源的电压源模型可以用一个理想电压源 U_S 和一个内电阻 R_0 串联的形式来表示，如图 1-27（a）所示。这时，实际电源的端电压和电路中的电流分别为

$$U = U_S - R_0 I \tag{1-20}$$

$$I = \frac{U_S}{R_0 + R} \tag{1-21}$$

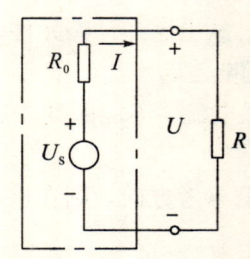 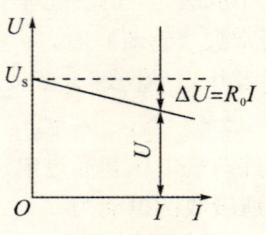

(a) 电压源模型与外电路的连接　　　　　(b) 伏安特性

图 1-27　电压源模型

式（1-20）中，U_S 和 R_0 都是常数，故 U 和 I 之间满足线性关系。当电压源开路时，$I=0$，开路电压 $U=U_S$；当电压源短路时，$U=0$，短路电流 $I=U_S/R_0$；当内阻 $R_0=0$ 时，U 为定值，即成为理想电压源。实际电压源不用时应开路放置，其开路电压为 U_S。注意，实际电压源不允许短路，否则电源内阻将把电压源的能量消耗掉。

可以根据两点法作出电压源的伏安特性曲线，如图 1-27（b）所示。伏安特性曲线图常用纵坐标表示电压 U，用横坐标表示电流 I。伏安特性曲线常被用来研究导体电阻的变化规律，是物理学常用的图像之一。

工作在电路中的电压源，可能是电源也可能是负载，可通过其功率进行判断。在关联参考方向条件下，$P>0$ 时是负载，$P<0$ 时是电源，例如蓄电池在充电时就是负载。

1.3.5　电流源

1. 电流源的概念

理想电流源：提供一个恒定的电流 I_S，其大小与端电压大小无关，它的端电压大小仅取决于外电路负载电阻 R 的大小，即 $U=RI_S$，如图 1-28 所示。

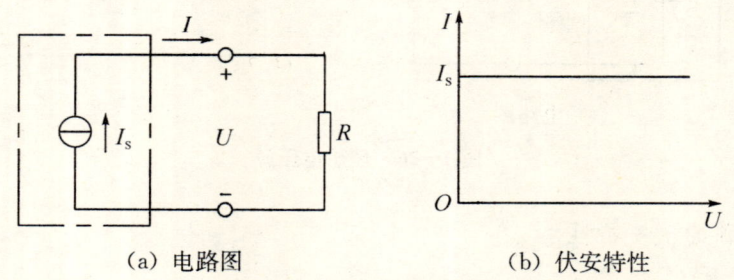

(a) 电路图　　　　　　　　　　(b) 伏安特性

图 1-28　理想电流源

通常，恒流电源（恒流器）和光电池都可以近似地认为是理想电流源。

2. 电流源的伏安特性

实际电源的电流源模型可以用一个理想电流源 I_S 和一个内电阻 R_0 并联的形式来表示，如图 1-29（a）所示。这时，电路中的电流为

$$I = I_S - \frac{U}{R_0} \tag{1-22}$$

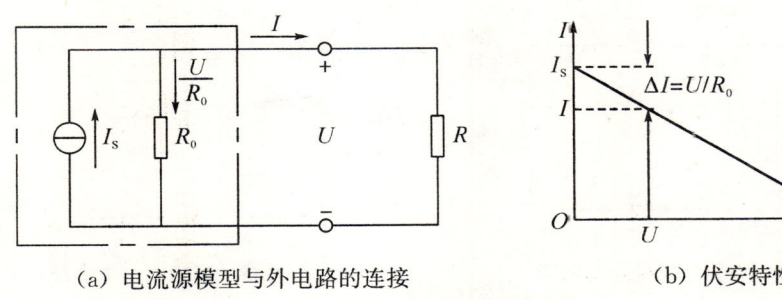

(a) 电流源模型与外电路的连接　　　(b) 伏安特性

图 1-29　电流源模型

由式（1-22）可知，当实际电流源开路时，$I=0$，$U=I_sR_0$；当实际电流源短路时，$U=0$，$I=I_s$。实际电流源不允许开路，否则电源内阻将把电流源的能量消耗掉。因此，实际电流源不用时应短路放置，其短路电流就是 I_s。图 1-29（b）是实际电流源的伏安特性曲线。

1.4　电路的工作状态

要学会分析电路，就要从了解电路的三种状态开始。电路在不同的工作条件下会呈现不同的工作状态。直流电路的状态包括通路（负载）状态、短路状态、开路（空载）状态。三种状态下的电源电压分别是 $U=E-IR$，$U=0$，$U=E$。下面分别介绍这三种状态。

1. 通路状态

通路状态即电路中的开关闭合，负载中有电流流过。在这种状态下，电源端电压与负载电流的关系可以用电源外特性确定。根据负载的大小，通路状态又分为满载、轻载、过载三种情况。负载在额定功率下的工作状态为额定工作状态，又称满载；低于额定功率的工作状态称为轻载，高于额定功率的工作状态称为过载。由于过载很容易烧坏电器，所以一般情况下都不允许出现过载。

图 1-30 所示为简单直流电路，闭合开关 S，电路中产生电流 I，电路处于通路状态。

电流的大小：
$$I = \frac{E}{R_0 + R} \tag{1-23}$$

负载两端的电压：
$$U_{ab} = E - IR_0 \tag{1-24}$$

根据式（1-24）可画出 U_{ab} 与 I 的 $U-I$ 曲线，如图 1-31 所示。

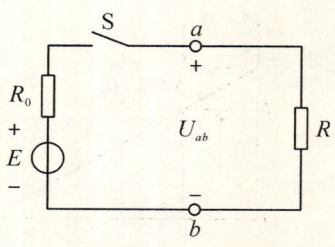
图1—30 简单直流电路

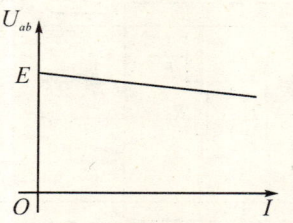
图1—31 通路状态的$U-I$曲线

电源的内阻R_0一般很小，即$R_0 \ll R$，从$U-I$曲线中可见，负载两端的电压$U_{ab} \approx E$，说明电路带负载能力较强。将式（1—24）两边乘以电流I，得

$$U_{ab}I = EI - I^2R_0 \tag{1-25}$$

即

$$P = P_E - \Delta P \text{ 或 } P_E = P + \Delta P \tag{1-26}$$

式中，$P_E = EI$表示电源发出的功率；$\Delta P = I^2R_0$表示电源内阻上消耗的功率；$P = U_{ab}I$表示负载上得到的功率。

2. 短路状态

如果外电路被阻值近似为零的导体接通，这时电源就处于短路状态。在这种状态下，电路中的电流（短路电流）$I \approx E/R_0$。我们知道，电源的内阻一般都是很小的，因而短路电流可能达到非常大的数值，这会使电源有烧毁的危险，因此必须严格避免短路发生。

防止短路的最常见方法是在电路中安装熔断器。熔断器中的熔丝是由低熔点的铅锡合金或银制成。当电流增大到一定数值时，熔丝被熔断，从而切断电路。

如图1—32所示，将a、b两点用一根导线连接起来，称为短路状态，此时电路中的电流被称为短路电流。在短路状态下电源的端电压为

$$U_{ab} = E - IR_0$$

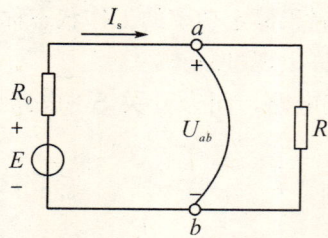
图1—32 电路的短路状态

短路电流用I_s表示，即

$$I = I_s = \frac{E}{R_0} \tag{1-27}$$

这时$U_{ab} = 0$，电阻吸收的功率$P = 0$，电源产生的功率全部消耗在内阻上，即

$$P_E = EI_s = R_0I_s^2 \tag{1-28}$$

可见，短路状态的主要特点是：短路电流很大，电源端电压为零。这里需要说明的是，通常电源的内阻都很小并且数值基本不变，所以可近似认为电源的端电压等于电源

电动势。此后若未特别标出电源内阻,就表示内阻很小,可以忽略不计。

3. 开路状态

开路状态即电源两端电路某处断开,电路中没有电流通过。电源不向负载输送电能。对于电源来说,这种状态叫空载。开路状态的主要特点是:电路中的电流为零,电源端电压和电动势相等。

图 1-30 中,若 S 断开,则称为开路状态,也可称为空载或断路状态。电源两端的电压称为开路电压或空载电压,用 $U_\circ$ 表示,其值等于电源的电动势 E。此时,输出功率 P 等于零,即电源不输出功率。

综上所述,电路开路时的特点可表示为

$$\left.\begin{array}{l} I = 0 \\ U_{ab} = U_\circ = E \\ P = 0 \end{array}\right\} \tag{1-29}$$

例 1-4 图 1-33 所示是一个含有电源和负载的闭合回路,电动势 $E = 20 \text{ V}$,内阻 $R_0 = 0.8 \text{ Ω}$,负载电阻 $R_L = 9.2 \text{ Ω}$,试求:

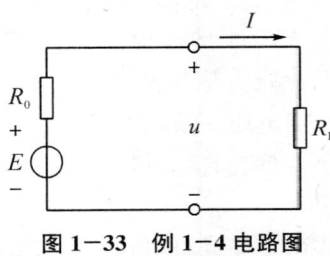

图 1-33 例 1-4 电路图

(1) 电路中的电流 I;
(2) 负载 R_L 上的电压;
(3) 负载吸收的功率、电源产生的功率和内阻消耗的功率;
(4) 负载发生短路时的短路电流。

解:(1) 电路中的电流:

$$I = \frac{E}{R_0 + R_L} = \frac{20}{0.8 + 9.2} = 2(\text{A})$$

(2) 负载 R_L 上的电压:

$$U = R_L I = 9.2 \times 2 = 18.4(\text{V})$$

(3) 负载吸收的功率:

$$P = UI = 18.4 \times 2 = 36.8(\text{W})$$

电源发出的功率(电动势 E 与电流 I 参考方向一致):

$$P_E = EI = 20 \times 2 = 40(\text{W})$$

内阻消耗的功率:

$$\Delta P = P_E - P = 40 - 36.8 = 3.2(\text{W})$$

或

$$\Delta P = R_0 I^2 = 0.8 \times 2^2 = 3.2(\text{W})$$

(4) 负载短路时的电流：

$$I_s = \frac{E}{R_0} = \frac{20}{0.8} = 25(\text{A})$$

1.5 电气设备的额定值

1. 额定值的定义

电气设备的额定值是根据用户需求和制造厂商生产能力，并综合考虑安全、经济、维修、使用等因素，由用户和制造厂商协商决定的。对于社会上大量需要的产品，还需考虑长期的社会效益。电气设备的额定值一般由权威机构批准公布，在我国通常由国家市场监督管理总局（国家标准化管理委员会）或有关的部门以标准的形式发布。在这些标准中，详尽地规定了额定值的项目、定义、要求（如允许偏差）、测试方法等。

各种产品的额定值的内容因使用情况不同而各异。电工产品的额定值一般包括电压、电流、功率、电流种类、工作制、绝缘等级、环境温度、温升、冷却方式等。此外，还有质量、体积（外形尺寸）、绝缘电阻、耐电压强度等。对于交流设备，还有频率、相数、功率因数、波形等要求；对于电动机，还有转矩、轴中心高、底脚螺孔尺寸等要求；对于开关设备，还有断流能力等要求。

通常用 U_N、I_N、P_N 表示额定电压、额定电流和额定功率。这种标记在设备的预期寿命内应清晰可见、易读，且不应标在打算拆除的部件上（安装设备时暂被拆除，安装后又重新装配上的外壳部件除外）。

当实际电压超过额定值许多时，绝缘材料就会被击穿。而当负载电流远远小于额定值时，则会出现欠载情况，即设备不能被充分地利用。所以，当负载电流与额定值相近、趋于满载时，设备的运行才能达到经济合理和高效率。

(1) 满载状态：实际值等于额定值时电气设备的工作状态（即 $I=I_N$，$P=P_N$）。此时设备运行经济合理且安全可靠。

(2) 过载（超载）状态：实际值大于额定值时电气设备的工作状态（即 $I>I_N$，$P>P_N$）。此时容易损坏设备。

(3) 轻载（欠载）状态：实际值小于额定值时电气设备的工作状态（即 $I<I_N$，$P<P_N$）。此时设备运行不经济，有些情况下也会损坏设备。

2. 额定值标示方法

(1) 利用铭牌标示（如电动机、电冰箱、电视机的铭牌）。
(2) 直接标在产品上（如电灯泡、电阻）。
(3) 写在产品目录中（如半导体器件）。

3. 额定值的应用

额定值是正确使用电气设备的主要依据，但要注意的是，电气设备的额定值并不一定等于该设备运行时的实际值（电压、电流和功率等）。可以从负载和电源两个方面来看待额定值与实际值之间的关系：

（1）当负载一定，电源电压发生波动时，会影响到电气设备的实际值。例如额定值为 220 V/40 W 的电灯泡，在电源电压高于或低于 220 V 时，它的实际值也会随之大于或小于额定值。

（2）电源的额定功率通常不为实际值，即电源一般不处于额定工作状态，因为在一定电压下电源输出的功率和电流取决于负载的大小，即负载需要多大的功率和电流，电源就在额定范围内提供多大的功率和电流。

例 1-5 标有 100 Ω/4 W 的电阻，如果将它接在 20 V 或 40 V 的电源上，能否正常工作？

解：该电阻阻值为 100 Ω，额定功率为 4 W，也就是说，如果该电阻消耗的功率超过 4 W，就会产生过热现象甚至烧毁。

（1）在 20 V 电压作用下，实际功率

$$P = \frac{U^2}{R} = \frac{20^2}{100} = 4(\text{W})$$

该值等于额定功率，因此该电阻在 20 V 的电源电压作用下可以正常工作。

（2）在 40 V 电压作用下，同理可得

$$P = \frac{40^2}{100} = 16(\text{W})$$

16 W>4 W，此时该电阻消耗的功率已经大大超过其额定值，这种过载情况极易烧毁电阻，使其不能正常工作。此时应更换阻值相同、额定功率大于或等于 16 W 的电阻。

实践任务

实验 1　基于 Multisim 的电路元件伏安特性测量

一、实验目的

（1）能说出线性与非线性元件的特点。
（2）能选用器件和平台搭建基本电路。
（3）能测绘线性电阻、非线性电阻元件的伏安特性曲线。

二、实验原理

任何一个电气二端元件的特性都可用该元件的端电压 U 与通过该元件的电流 I 之间的函数关系 $I=f(U)$ 来表示,即用 I-U 平面上的一条曲线来表征,这条曲线称为该元件的伏安特性曲线。

(1) 线性电阻的伏安特性曲线是一条通过坐标原点的直线,如图 1-34 中直线 a 所示,该直线的斜率等于该电阻的电阻值。

(2) 普通白炽灯在工作时,其灯丝处于高温状态,灯丝电阻随着温度的升高而增大。通过白炽灯的电流越大,其温度越高,阻值也越大,其伏安特性如图 1-34 中曲线 b 所示。一般灯泡的"冷电阻"与"热电阻"的值可相差几倍至十几倍。

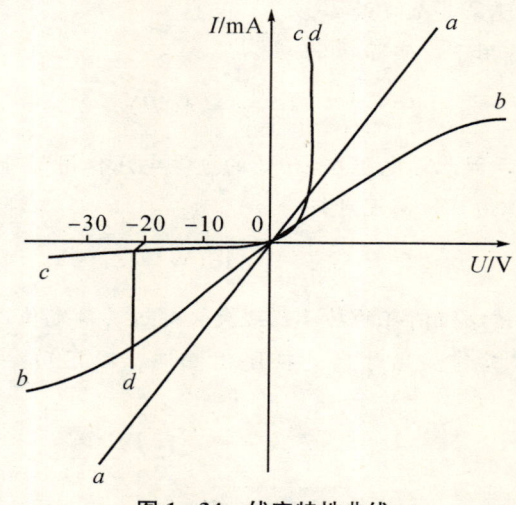

图 1-34 伏安特性曲线

(3) 半导体二极管是一种典型的非线性电阻元件,其伏安特性曲线如图 1-34 中曲线 c 所示。其正向压降很小(一般锗管为 0.2~0.3 V,硅管为 0.5~0.7 V),正向电流随正向压降的升高而急骤上升;而反向电压从零一直增加到十多伏甚至几十伏时,其反向电流增加很小,几乎可以视为零。可见,二极管具有单向导电性。但反向电压加得过高,超过二极管的极限值,则会导致二极管反向击穿,反向电流急剧增大,如图 1-34 中曲线 d 所示。二极管在反向击穿后很可能因电流过大而损坏,故应尽量避免此类情况。

三、实验设备

实验设备清单如表 1-7 所示。

表 1－7　实验设备清单

序号	名称	型号与规格	数量	备注
1	Multisim 软件		1	
2	可调直流电源	0～30 V	1	
3	万用表	0～200 mA，0～200 V	2	
4	白炽灯	12 V/10 W	1	
5	线性电阻器	200 Ω，1 kΩ/8 W	2	
6	半导体二极管	1N4007G	1	

四、实验内容

1. 测定线性电阻的伏安特性

（1）在 Multisim 软件中，找到直流电源、电阻元件以及万用表，按照图 1－35 连接好电路。

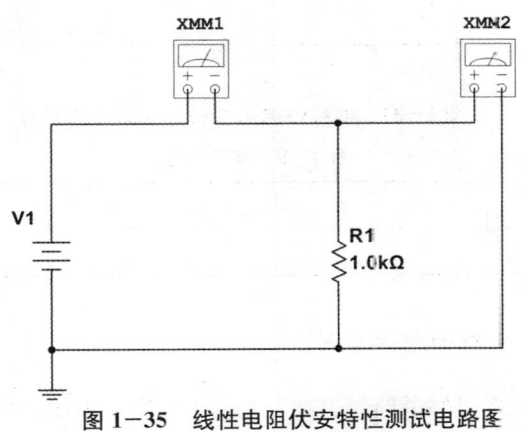

图 1－35　线性电阻伏安特性测试电路图　　　仿真电路源文件

（2）设置万用表 1 为直流电流表，万用表 2 为直流电压表。调节电源"V1"的输出电压，使电阻两端电压依次为表 1－8 给定的值，点击"运行"按钮，记下相应的电流表的读数 I，如图 1－36 所示，填入表 1－8 中。

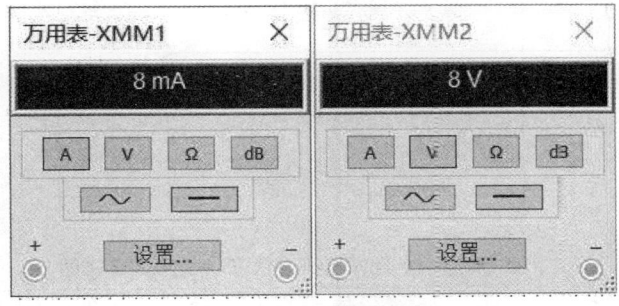

图 1－36　万用表读数

表 1-8 实验数据

U_R/V	0	2	4	6	8	10
I/mA						

2. 测定白炽灯（非线性电阻）的伏安特性

将实验内容 1 中的电阻换成 12 V/10 W 的白炽灯，如图 1-37 所示。重复实验内容 1 的操作，使白炽灯两端电压按表 1-9 变化，并将实验数据填入表 1-9 中。

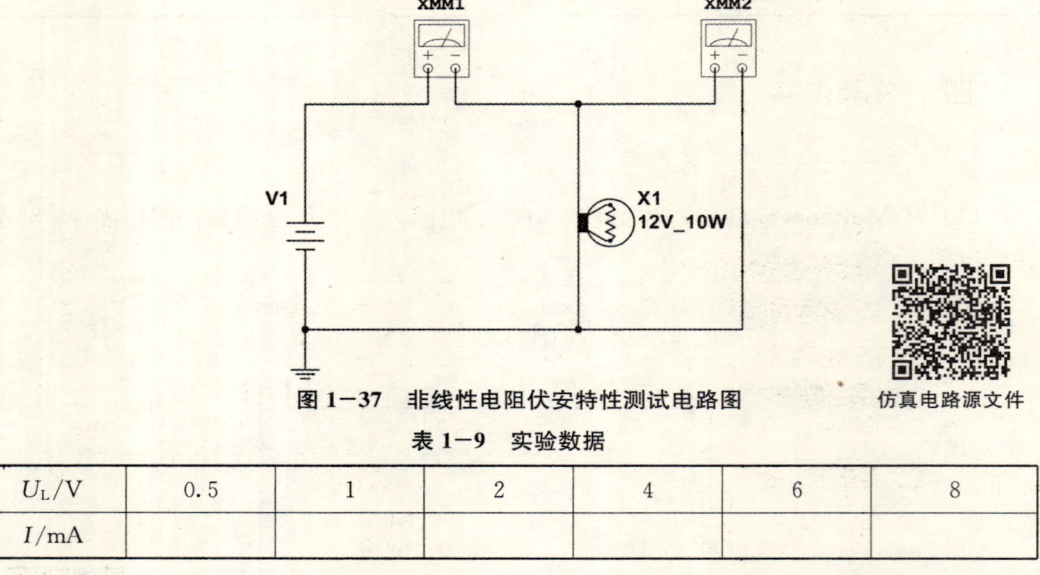

图 1-37 非线性电阻伏安特性测试电路图

表 1-9 实验数据

U_L/V	0.5	1	2	4	6	8
I/mA						

3. 测定半导体二极管的伏安特性

（1）按照图 1-38 连接好电路。其中，"R1" 为限流电阻，"D1" 为半导体二极管。

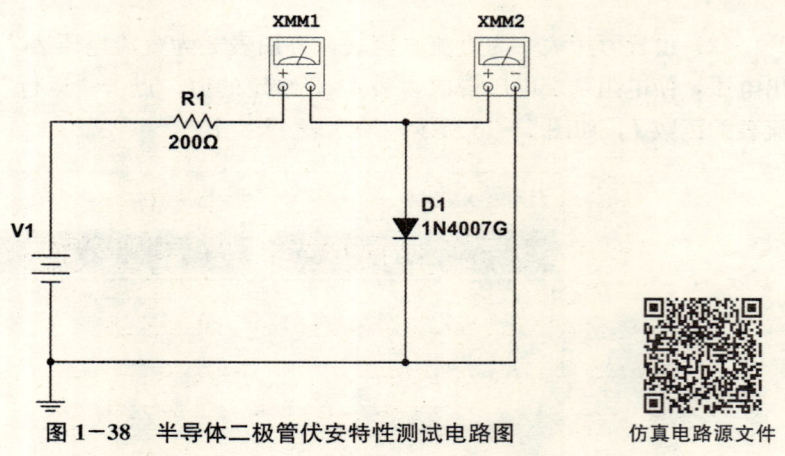

图 1-38 半导体二极管伏安特性测试电路图

（2）测正向特性。给二极管施加正向电压，取值在 0~0.75 V 范围内。重复实验内容 1 的操作，使二极管两端电压依次为表 1-10 给定的值，记下相应的电流值。

（3）测反向特性。给二极管施加反向电压，取值在 -30～0 V 范围内。重复实验内容 1 的操作，使二极管两端电压依次为表 1-11 给定的值，记下相应的电流值。

表 1-10 二极管正向特性实验数据

U_D/V	0	0.1	0.2	0.4	0.5	0.6	0.65	0.70	0.75
I/mA									

表 1-11 二极管反向特性实验数据

U_D/V	0	-5	-10	-15	-20	-25	-30
I/mA							

五、实验报告

（1）根据实验数据，分别绘制线性电阻、白炽灯、二极管三种元件的伏安特性曲线。

（2）根据实验结果，分析线性电阻与非线性电阻的特性。

（3）总结实验的收获、心得体会。

实验2 基于 Multisim 的电位、电压测量

一、实验目的

验证电路中电位的相对性与电压的绝对性。

二、实验原理

在闭合电路中，各点电位的高低随参考点（零电位点）的变化而变化，而任意两点之间的电压则是固定的，不随参考点的变化而变化。

三、实验设备

实验设备清单见表 1-12。

表 1-12 实验设备清单

序号	名称	型号与规格	数量	备注
1	Multisim 软件		1	
2	可调直流电源	0～30 V	2	
3	万用表	0～200 mA，0～200 V	6	
4	电位探针		6	
5	线性电阻器	330 Ω，510 Ω，1 kΩ	5	

四、实验内容

(1) 在 Multisim 软件中，找到直流电源、电阻元件以及电位探针，按照图 1-39 连接好电路。令电源 "V1" 输出电压 $V_1=6$ V，电源 "V2" 输出电压 $V_2=12$ V。

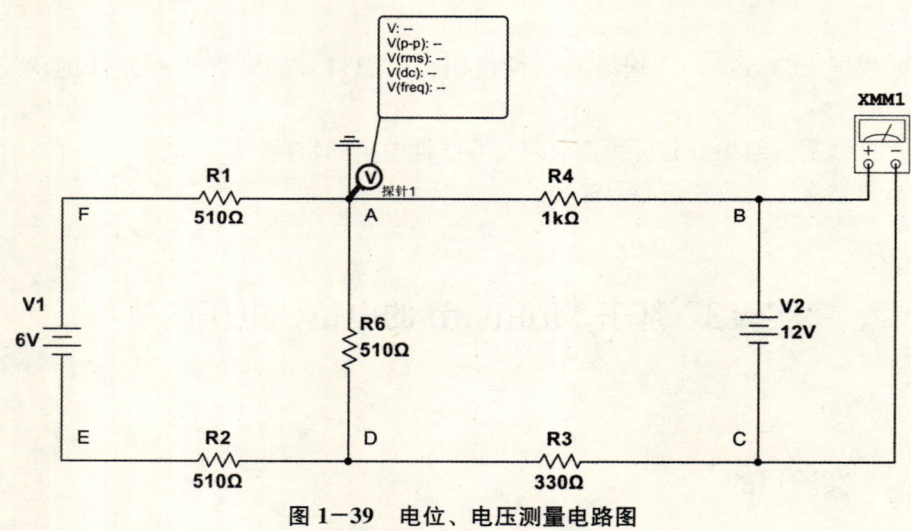

图 1-39 电位、电压测量电路图

仿真电路源文件

(2) 以 A 点为参考点，用电位探针分别测量 B、C、D、E、F 各点的电位值 V_B、V_C、V_D、V_E、V_F，用万用表测量相邻两点之间的电压值 U_{AB}、U_{BC}、U_{CD}、U_{DE}、U_{EF} 及 U_{FA}，并将实验数据填入表 1-13 中。

(3) 以 B 点为参考点（改变接地点即可），重复步骤（2）的测量，并将实验数据填入表 1-13 中。

表 1-13 实验数据

参考点	V_A	V_B	V_C	V_D	V_E	V_F	U_{AB}	U_{BC}	U_{CD}	U_{DE}	U_{EF}	U_{FA}
A 点	0											
B 点		0										

五、实验报告

（1）根据实验数据，分析电位、电压的联系与区别。

（2）总结实验的收获、心得体会。

思考练习

一、填空题

1. 电路一般由_____、_____、_____三部分组成，电路的功能主要有_____和_____两种。

2. 在电路中，如果 $I_{ab}=-8\ \text{A}$，则表示电流的实际方向与参考方向_____，从_____指向_____。

3. 电位的大小与参考点的选择_____，电压的大小与参考点的选择_____。

4. 某个元件两端的电压为 12 V，通过的电流为 -3 A，电压与电流为非关联参考方向，则此元件的功率为_____，在电路中是_____元件。

二、判断题

1. 电源电动势的大小由电源本身的性质决定，与外电路无关。（　　）

2. 导体的长度和横截面面积都增大一倍，其电阻值也增大一倍。（　　）

3. 电阻两端的电压为 8 V 时，电阻值为 10 Ω；当电压升至 16 V 时，电阻值将变为 20 Ω。（　　）

4. 电路中参考点改变，各点电位也随之改变。（　　）

5. 电路中参考点改变，任意两点之间的电压也随之改变。（　　）

三、选择题

1. 电动势的方向是（　　）

   A. 从正极指向负极　　B. 从负极指向正极　　C. 与电压方向相同

2. 电功率的单位是（　　）

   A. 安培　　　　　　B. 欧姆　　　　　　C. 瓦特　　　　　　D. 伏特

3. 电路处于（　　）状态时，有工作电流流过。

   A. 通路　　　　　　B. 短路　　　　　　C. 开路　　　　　　D. 断路

4. 电感的单位是（　　）。

   A. 特斯拉　　　　　B. 亨利　　　　　　C. 韦伯　　　　　　D. 西门子

四、简答题

1. 两只额定值分别是"110 V/40 W"和"110 V/100 W"的灯泡,能否串联后接到 220 V 的电源上使用?如果两只灯泡的额定功率相同,是否可以?为什么?

2. 指出图 1-40 所示电路中 A、B、C 三点的电位。

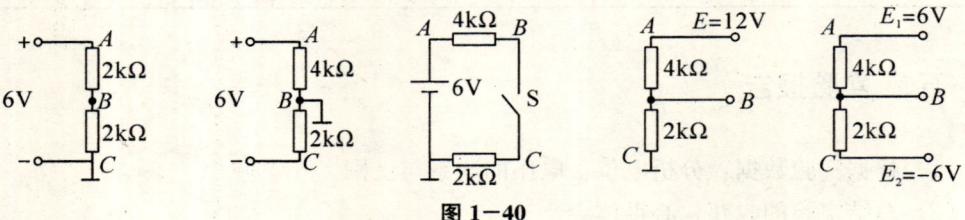

图 1-40

五、计算题

1. 一段长 100 m、横截面面积为 2 mm² 的铜导线,在 50 ℃时的电阻率为 $\rho=1.7\times10^{-8}$ Ω·m,此导线的总电阻是多少?

2. 电路如图 1-41 所示,已知 $U_S=100$ V,$R_1=2$ kΩ,$R_2=8$ kΩ,在下列 3 种情况下,分别求电阻 R_2 两端的电压及 R_2、R_3 中通过的电流:① $R_3=8$ kΩ;② $R_3=\infty$(开路);③ $R_3=0$(短路)。

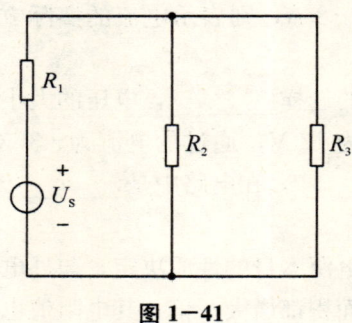

图 1-41

3. 在图 1-42 所示电路中,已知 $R_2=R_4$,$U_{AD}=15$ V,$U_{CE}=10$ V,试用电位差的概念计算 U_{AB}。

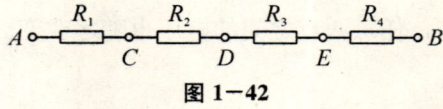

图 1-42

4. 一台抽水机用的电动机的功率为 2.8 kW,每天运行 6 个小时,则其一个月(30天)消耗多少电能?

5. 一只 110 V/8 W 的指示灯,现在要接在 220 V 的电源上,需要串联多大阻值的电阻?该电阻功率是多少瓦?

第 2 章 电路分析方法

本章课件

知识导图

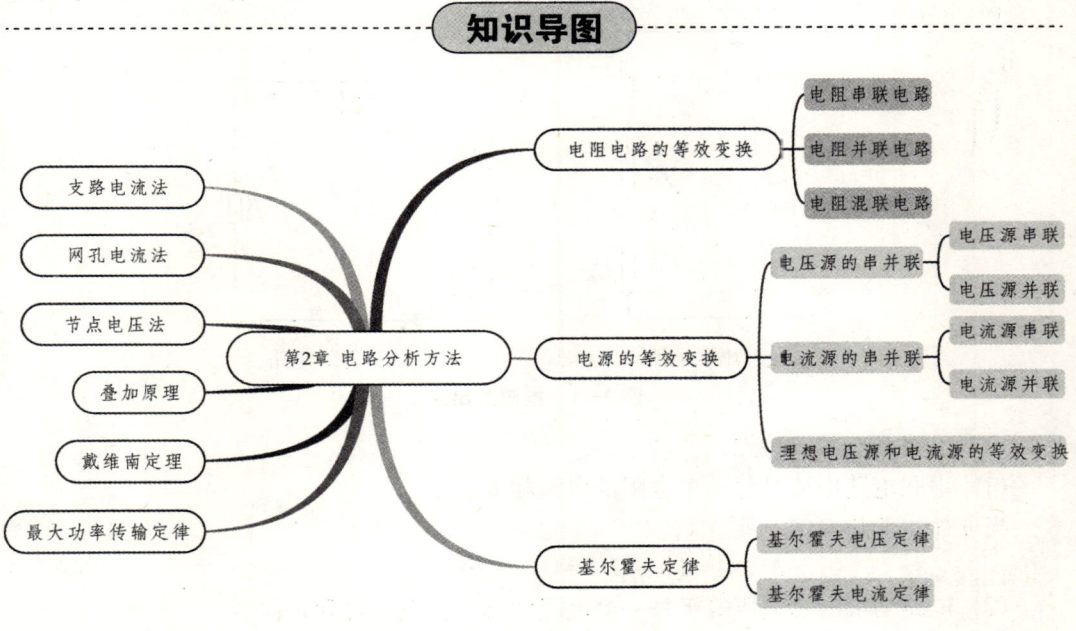

学习目标

- 能描述电阻串并联电路的基本特性。
- 会计算串联、并联及混联电路的等效电阻。
- 能利用等效变换法化简电路。
- 能灵活运用基尔霍夫定律、叠加定理、戴维南定理、支路电流法、网孔电流法等分析与计算电路中的电压和电流。
- 了解负载与电源的匹配,理解功率和效率的合理选择。

理论知识

2.1 电阻的串并联及等效变换

电阻在电路中的连接形式是多种多样的,其中最简单和最常用的是电阻的串联和并联。

2.1.1 电阻的串联

在如图 2-1 所示的电路中,假定有若干个电阻 R_1,R_2,…,R_n 一个接一个地连在一起,中间没有分支,这种连接方式称为电阻的串联。U 代表总电压,I 代表电流。

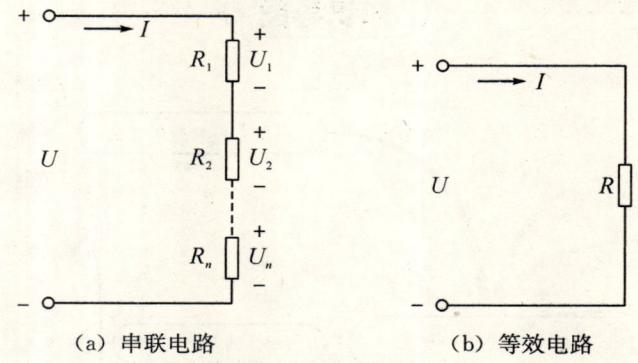

(a) 串联电路　　　　　　(b) 等效电路

图 2-1　电阻的串联

串联电路具有如下特点:
(1) 串联电路中流过每一个电阻的电流相等。
当 n 个电阻串联时,则

$$I_1 = I_2 = I_3 = \cdots = I_n \tag{2-1}$$

(2) 电路两端的总电压等于每一个电阻两端的分电压之和,即

$$U = U_1 + U_2 + U_3 + \cdots + U_n \tag{2-2}$$

(3) 串联电路的总电阻等于各串联电阻之和。

R 叫作 R_1,R_2,…,R_n 串联的等效电阻,其意义是用 R 代替 R_1,R_2,…,R_n 后,不影响电路的电流和电压。在图 2-1 中,(b) 图是 (a) 图的等效电路。

当 n 个电阻串联时,则

$$R = R_1 + R_2 + R_3 + \cdots + R_n \tag{2-3}$$

(4) 电阻串联时,每个电阻上的电压与其阻值成正比,即

$$\left. \begin{array}{l} U_1 = IR_1 = \dfrac{U}{R}R_1 \\[4pt] U_2 = IR_2 = \dfrac{U}{R}R_2 \\[4pt] \cdots\cdots \\[4pt] U_n = IR_n = \dfrac{U}{R}R_n \end{array} \right\} \tag{2-4}$$

由式（2-4）可得

$$\left.\begin{aligned} U_1 &= \frac{R_1}{R_1+R_2+\cdots+R_n}U \\ U_2 &= \frac{R_2}{R_1+R_2+\cdots+R_n}U \\ &\cdots\cdots \\ U_n &= \frac{R_n}{R_1+R_2+\cdots+R_n}U \end{aligned}\right\} \tag{2-5}$$

(5) 串联电路中的电压分配和功率分配关系：

由于串联电路中的电流处处相等，所以

$$I = \frac{U_1}{R_1} = \frac{U_2}{R_2} = \cdots = \frac{U_n}{R_n} \rightarrow I^2 = \frac{P_1}{R_1} = \frac{P_2}{R_2} = \cdots = \frac{P_n}{R_n}$$

则有：
$$P = UI = (R_1+R_2+\cdots+R_n)I^2 = RI^2 \tag{2-6}$$

上式表明，n 个电阻串联吸收的总功率等于它们的等效电阻所吸收的功率；串联电路中各个电阻两端的电压与各个电阻的阻值成正比；各个电阻所消耗的功率也和各个电阻的阻值成正比。

在现实中用串联电阻分压、限流的例子非常多，比如：

① 将一个额定电压为 220 V 的灯泡接到 380 V 的电压下使用，灯泡会烧坏，但如果将两个额定电压为 220 V、功率相等的灯泡先串联后再接到 380 V 的电压下，就不会烧坏了。

② 在直流回路中，为防止小量程电流表因电流过大而损坏，常串联一个限流电阻后再接入电路。

③ 常利用串联电阻的方法扩大电压表的量程。

例 2-1 如图 2-2 所示，要将一个满偏电流 $I_g=50~\mu\text{A}$、内阻 $R_g=2~\text{k}\Omega$ 的电流表改成量程为 50 V/100 V 的直流电压表，应串联多大的分压电阻？

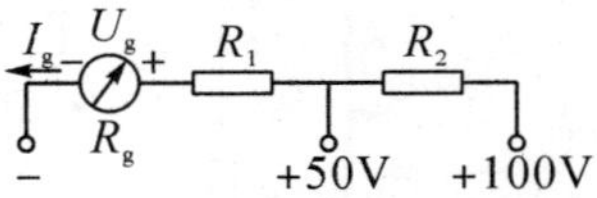

图 2-2 例 2-1 电路图

解：满偏时，表头所承受电压为
$$U_g = I_g R_g = 50 \times 10^{-6} \times 2 \times 10^3 = 0.1(\text{V})$$

为了扩大量程，需串联电阻分压。根据串联电阻电压关系，有：

$$\begin{cases} I_g(R_g+R_1) = 50(\text{V}) \\ I_g R_2 = 100 - 50(\text{V}) \end{cases}$$

可解得分压电阻：$R_1 = 998~\text{k}\Omega, R_2 = 10^6~\Omega = 1~\text{M}\Omega$

2.1.2 电阻的并联

在如图 2-3 所示的电路中，假定有若干个电阻 $R_1, R_2, \cdots, R_n$ 并排连接在两点之间，这种连接方式称为电阻的并联。U 代表总电压，I 代表干路电流（总电流），I_1，

I_2，…，I_n 代表各支路电流。

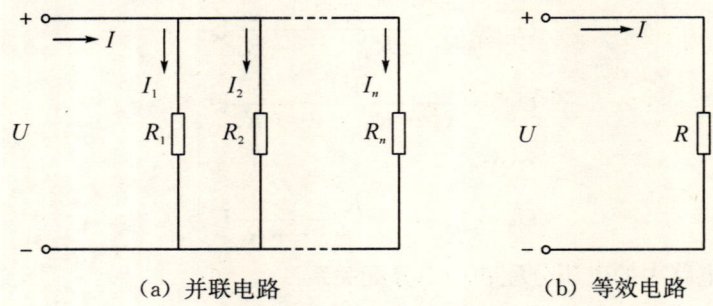

(a) 并联电路　　　　　　(b) 等效电路

图 2-3　电阻的并联

并联电路有如下特点：
(1) 电路中各个电阻两端的电压相同，即
$$U_1 = U_2 = U_3 = \cdots = U_n \tag{2-7}$$
(2) 并联电路的总电流等于各支路电流之和，即
$$I = I_1 + I_2 + I_3 + \cdots + I_n \tag{2-8}$$
(3) 并联电路的总电阻的倒数等于各并联电阻的倒数之和，即
$$\frac{1}{R} = \frac{1}{R_1} + \frac{1}{R_2} + \frac{1}{R_3} + \cdots + \frac{1}{R_n} \tag{2-9}$$
(4) 如图 2-4 所示，当两个电阻并联时，通过每个电阻的电流可以用分流公式计算。分流公式为
$$\left. \begin{array}{l} I_1 = \dfrac{R_2}{R_1 + R_2} \cdot I \\ I_2 = \dfrac{R_1}{R_1 + R_2} \cdot I \end{array} \right\} \tag{2-10}$$

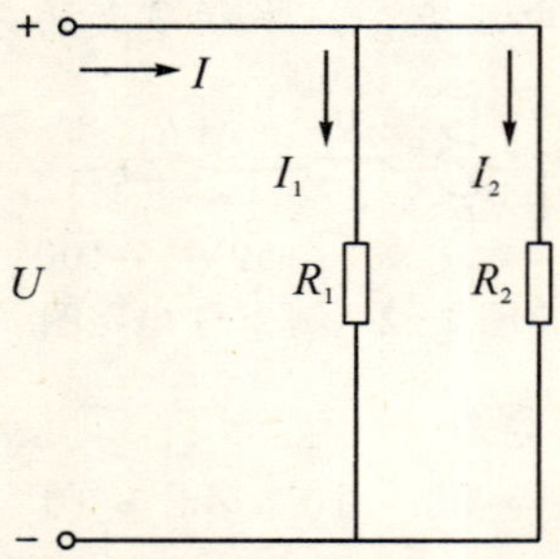

图 2-4　两个电阻的并联

在电阻并联电路中，电阻小的支路通过的电流大，电阻大的支路通过的电流小。
(5) 电阻并联电路中的电流分配和功率分配关系：
在并联电路中，各并联电阻两端电压相同，所以
$$U = R_1 I_1 = R_2 I_2 = R_3 I_3 = \cdots = R_n I_n$$
$$\Downarrow$$
$$U^2 = R_1 P_1 = R_2 P_2 = R_3 P_3 = \cdots = R_n P_n$$

即
$$\frac{P_1}{P_2} = \frac{R_2}{R_1} \tag{2-11}$$

上式表明，并联电路中各支路电流与电阻成反比，各支路电阻消耗的功率也与电阻成反比。

并联电路的应用十分广泛，例如：

① 照明电路中的用电器通常都是并联的。只有将用电器并联使用，才能在断开某个用电器或者某个用电器出现故障时，保障其他用电器能够正常工作。

② 利用并联电阻可以起到分流的作用。

③ 常利用电阻与电流表并联的方法扩大电流表的量程。

例 2-2 如图 2-5 所示，要将一个满偏电流 $I_g = 50\ \mu A$、内阻 $R_g = 2\ k\Omega$ 的电流表改成量程为 50 mA 的直流电流表，应并联多大的分流电阻？

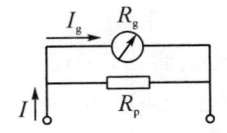

图 2-5 例 2-2 电路图

解：由并联电阻分流公式可得：

$$I_g = \frac{R_p}{R_p + R_g} I$$

$$R_p = \frac{I_g R_g}{I - I_g} = \frac{50 \times 10^{-6} \times 2 \times 10^3}{50 \times 10^{-3} - 50 \times 10^{-6}} \approx 2(\Omega)$$

2.1.3 电阻的混联

如图 2-6 所示，既有电阻的串联又有电阻的并联的电路，叫作电阻的混联电路。对于混联电路，可以采用等电位点法明确各电阻之间的连接关系，并通过等效替代法逐步化简，最终得到一个等效电阻。例如：

$$R_{23} = \frac{R_2 R_3}{R_2 + R_3},\ R = R_1 + R_{23} = R_1 + \frac{R_2 R_3}{R_2 + R_3} \tag{2-12}$$

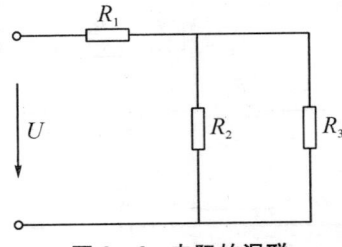

图 2-6 电阻的混联

混联电路的分析计算步骤：

(1) 对电路进行等效变换，明确各电阻的串并联关系。

(2) 先计算各部分串联电阻和并联电阻的等效电阻，再计算电路的总等效电阻。

(3) 由电路的总等效电阻和端电压计算电路的总电流。

（4）利用串联电阻的分压关系和并联电阻的分流关系，计算各部分电压及电流。

例 2-3 求图 2-7(a) 所示电路 A、B 两点间的等效电阻 R_{AB}。其中 $R_1=R_2=R_3=2\ \Omega$，$R_4=R_5=4\ \Omega$。

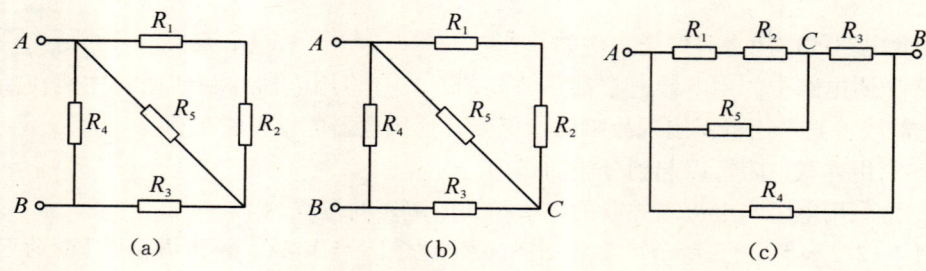

图 2-7 例 2-3 电路图

解： (1) 在原电路中标出 C 点，如图 2-7(b) 所示。

(2) 将 A、B、C 三点沿水平方向排列，如图 2-7(c) 所示。

(3) 将 $R_1 \sim R_5$ 依次填入相应的点之间：R_1 与 R_2 串联在 A、C 之间，R_3 在 C、B 之间，R_4 在 A、B 之间，R_5 在 A、C 之间。由此即可画出等效电路图，如图 2-7(c) 所示，各电阻间的串并联关系一目了然。

(4) 由等效电路图求出 A、B 间的等效电阻：

$$R_{12} = R_1 + R_2 = 2 + 2 = 4(\Omega)$$

$$R_{125} = \frac{R_{12} \times R_5}{R_{12} + R_5} = \frac{4 \times 4}{4 + 4} = 2(\Omega)$$

$$R_{1253} = R_{125} + R_3 = 2 + 2 = 4(\Omega)$$

$$R_{AB} = \frac{R_{1253} \times R_4}{R_{1253} + R_4} = \frac{4 \times 4}{4 + 4} = 2(\Omega)$$

例 2-4 电路如图 2-8 所示，其中：$R_1=4\ \Omega$，$R_2=6\ \Omega$，$R_3=3.6\ \Omega$，$R_4=4\ \Omega$，$R_5=0.6\ \Omega$，$R_6=1\ \Omega$，$E=4$ V。求各电阻中的电流和电压 U_{BA}、U_{BC}。

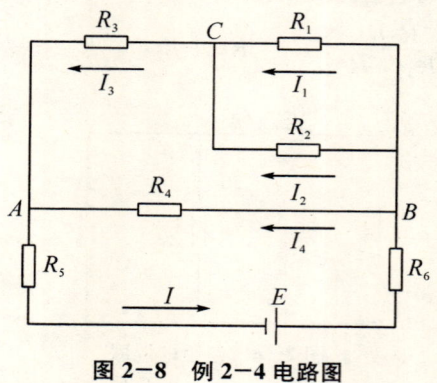

图 2-8 例 2-4 电路图

解： (1) 计算电路的等效电阻 R。

$$R_{12} = \frac{R_1 R_2}{R_1 + R_2} = \frac{4 \times 6}{4 + 6} = 2.4(\Omega)$$

$$R_{123} = R_{12} + R_3 = 2.4 + 3.6 = 6(\Omega)$$

$$R_{1234} = \frac{R_{123} R_4}{R_{123} + R_4} = \frac{6 \times 4}{6 + 4} = 2.4(\Omega)$$

$$R = R_{1234} + R_5 + R_6 = 2.4 + 0.6 + 1 = 4(\Omega)$$

（2）电路总电流 I 为

$$I = \frac{E}{R} = \frac{4}{4} = 1(A)$$

（3）各支路电流及电压 U_{BA}、U_{BC} 分别计算如下：

$$I_4 = \frac{R_{123}}{R_{123} + R_4} I = \frac{6}{6+4} \times 1 = 0.6(A)$$

$$I_3 = I - I_4 = 1 - 0.6 = 0.4(A)$$

$$I_1 = \frac{R_2}{R_2 + R_1} I_3 = \frac{6}{6+4} \times 0.4 = 0.24(A)$$

$$I_2 = I_3 - I_1 = 0.4 - 0.24 = 0.16(A)$$

$$U_{BA} = I_4 R_4 = 0.6 \times 4 = 2.4(V)$$

$$U_{BC} = I_1 R_1 = I_2 R_2 = 0.24 \times 4 = 0.96(V)$$

2.1.4 电阻星形连接与三角形连接等效变换

在电路分析计算中，有时候电阻的连接既不是串联也不是并联，则不能用简单的电阻串并联化简方法解决。比如，图 2-9（a）所示是一个桥式电路，用电阻串并联化简方法求得端口 a、b 间的等效电阻显然是极其困难的。如果能将连接在 1、2、3 三个端子间的 R_{12}、R_{23}、R_{31} 构成的三角形连接电路，等效变换为图 2-9（b）所示的由 R_1、R_2、R_3 构成的星形连接电路，则可方便地应用电阻串并联化简方法求得端口 a、b 间的等效电阻。这就是工程实际中经常遇到的星形、三角形等效变换问题（简称 Y-△变换）。

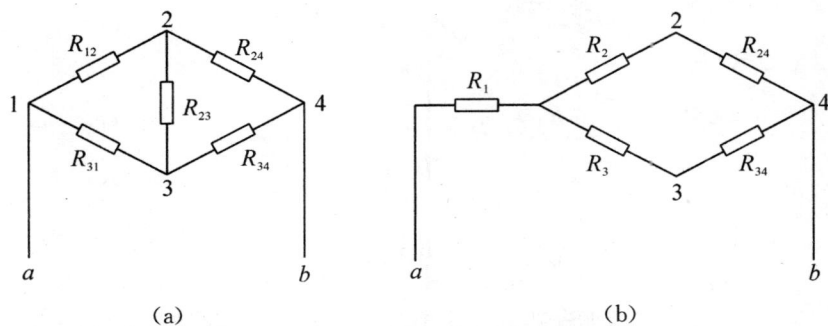

图 2-9 桥式电路及其等效变换

在这里介绍 Y-△变换并非要求同学们现在就熟练掌握此种变换，而是帮助大家了解变换的过程和意义，为课程后续内容（三相电路）的学习先行建立感性认识，从而为更进一步学习奠定基础。

三个电阻元件首尾相接,形成一个封闭的三角形,其三个顶点分别接到外部电路的三个结点,称为电阻元件的三角形连接,简称△形连接,如图2—10(a)所示。

三个电阻元件的一端连接在一起,另一端分别连接到外部电路的三个结点,称为电阻元件的星形连接,简称Y形连接,如图2—10(b)所示。

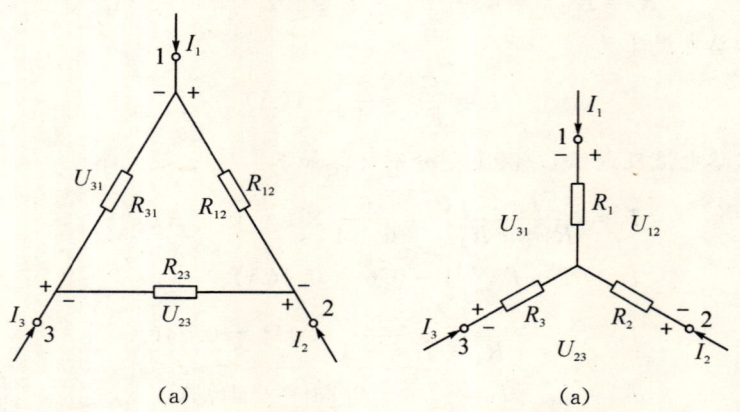

图 2—10　电阻的三角形连接和星形连接

三角形连接和星形连接都是通过三个结点与外部电路相连,它们之间的等效变换要求它们的外部特性相同,也就是当它们的对应结点间有相同的电压 U_{12}、U_{23}、U_{31} 时,从外电路流入对应结点的电流 I_1、I_2、I_3 也必须分别相等,此即 Y—△ 变换的等效条件。

一种简单的推导等效变换的方法是:在一个对应端钮悬空的同等条件下,分别计算出其余两端钮间的电阻,要求计算出的电阻相等。

悬空端钮 3 时,可得
$$R_1 + R_2 = \frac{R_{12}(R_{23} + R_{31})}{R_{12} + R_{23} + R_{31}} \tag{2-13}$$

悬空端钮 2 时,可得
$$R_3 + R_1 = \frac{R_{31}(R_{12} + R_{23})}{R_{12} + R_{23} + R_{31}} \tag{2-14}$$

悬空端钮 1 时,可得
$$R_2 + R_3 = \frac{R_{23}(R_{12} + R_{31})}{R_{12} + R_{23} + R_{31}} \tag{2-15}$$

联立以上三式可得

$$\left.\begin{array}{l} R_1 = \dfrac{R_{12}R_{31}}{R_{12} + R_{23} + R_{31}} \\[6pt] R_2 = \dfrac{R_{12}R_{23}}{R_{12} + R_{23} + R_{31}} \\[6pt] R_3 = \dfrac{R_{31}R_{23}}{R_{12} + R_{23} + R_{31}} \end{array}\right\} \tag{2-16}$$

式(2—16)是已知三角形连接的三个电阻求等效星形连接的三个电阻的公式。

从式(2—16)可解得

$$\left.\begin{aligned}R_{12} &= R_1 + R_2 + \frac{R_1 R_2}{R_3} \\ R_{23} &= R_2 + R_3 + \frac{R_2 R_3}{R_1} \\ R_{31} &= R_3 + R_1 + \frac{R_3 R_1}{R_2}\end{aligned}\right\} \quad (2-17)$$

以上互换公式可归纳为

$$Y 形电阻 = \frac{\triangle 形相邻电阻的乘积}{\triangle 形电阻之和}$$

$$\triangle 形电阻 = \frac{Y 形电阻两两乘积之和}{Y 形不相邻电阻}$$

当 Y 形连接的三个电阻相等，即 $R_1 = R_2 = R_3 = R_Y$ 时，则等效△形连接的三个电阻也相等，它们等于

$$R_\triangle = R_{12} = R_{23} = R_{31} = 3 R_Y,\ R_Y = \frac{1}{3} R_\triangle \quad (2-18)$$

例 2-5 如图 2-11(a) 所示电路，求电流 I。

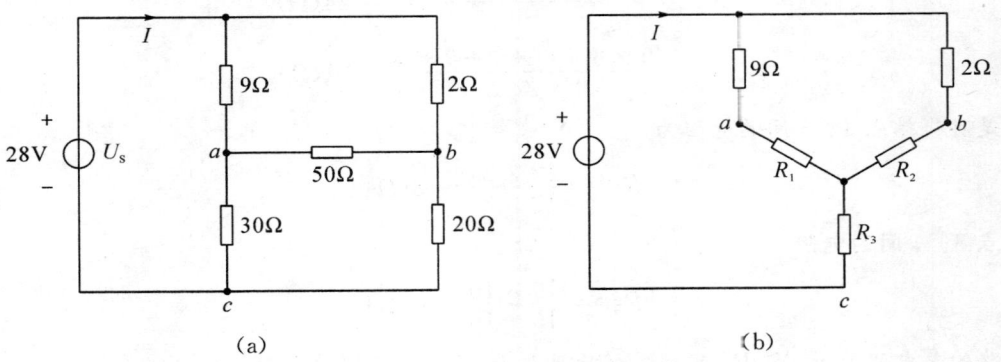

图 2-11 例 2-5 电路图

解：首先把△形连接（50 Ω、30 Ω、20 Ω）等效为 Y 形连接，求出 R_1、R_2 和 R_3。

$$R_1 = \frac{30 \times 50}{20 + 30 + 50} = 15(\Omega)$$

$$R_2 = \frac{50 \times 20}{20 + 30 + 50} = 10(\Omega)$$

$$R_3 = \frac{20 \times 30}{20 + 30 + 50} = 6(\Omega)$$

对于图 2-11（b）所示电路，按电阻串、并联关系化简可得等效电阻

$$R = 6 + \frac{(15+9) \times (10+2)}{(15+9) + (10+2)} = 14(\Omega)$$

进而可得电流 $I = U_s / R = 28/14 = 2$（A）

例 2-6 如图 2-12(a) 所示电路，试求端子 1、4 间的总电阻。

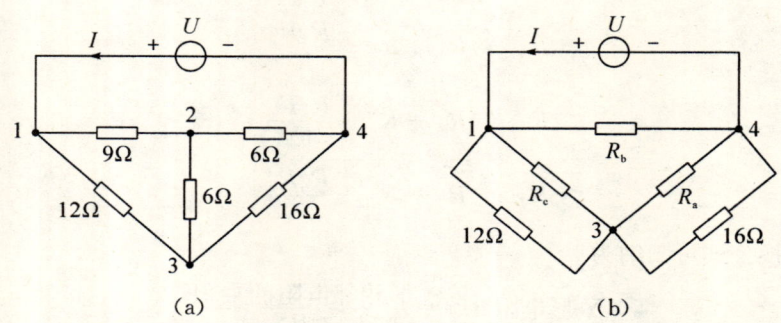

图 2-12 例 2-6 电路图

解：在图 2-12（a）中，可以把 9 Ω、6 Ω 和 6 Ω 电阻组成的 Y 形连接变换为 △ 形连接，如图 2-12（b）所示。

由图 2-12（a），利用变换公式得

$$R_a = \frac{9 \times 6 + 6 \times 6 + 9 \times 6}{9} = 16(\Omega)$$

$$R_b = \frac{9 \times 6 + 6 \times 6 + 9 \times 6}{6} = 24(\Omega)$$

$$R_c = \frac{9 \times 6 + 6 \times 6 + 9 \times 6}{6} = 24(\Omega)$$

于是可得结点 1、3 间的电阻为

$$R_{13} = \frac{12 \times 24}{12 + 24} = 8(\Omega)$$

结点 3、4 间的电阻为

$$R_{34} = \frac{16 \times 16}{16 + 16} = 8(\Omega)$$

电路的总电阻为 R_{13} 与 R_{34} 串联，然后再与 R_b 并联，可得总电阻：

$$R_{14} = \frac{24 \times (8 + 8)}{24 + (8 + 8)} = 9.6(\Omega)$$

2.2 电源的串并联及等效变换

2.2.1 二端网络及等效的概念

由电阻、电容和电感元件单独或相互串联、并联以及混联组成的电路都称为电气网络。不管一个电气网络如何复杂，只要它有两个端点（钮）与电路中的其他部分（外电路）相连接时，则称该电气网络为一个二端网络。

二端网络中如含有电源，则称为有源二端网络，否则称为无源二端网络。有源二端网络可简化为电压源或电流源，无源二端网络可简化为电阻电路，如图 2-13 所示。当一个二端网络与另一个二端网络两端点间的伏安关系完全相同时，则称这两个二端网络在电路分析中对于外电路的作用是相同的，即它们是等效的。

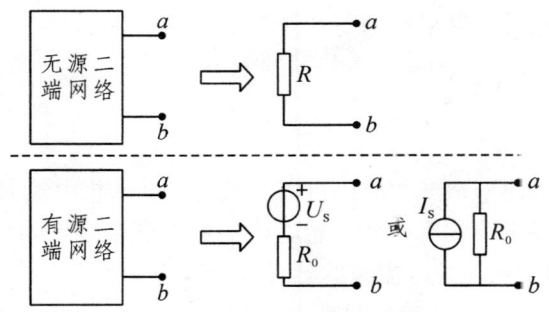

图 2-13 有源二端网络和无源二端网络

2.2.2 理想电压源的串并联

1. 理想电压源串联

两个及两个以上理想电压源串联，可以等效为一个理想电压源，且等效理想电压源的电压值等于组成串联电路的每一个理想电压源的电压值之和，即 $U_S=U_{S1}+U_{S2}$，如图 2-14(a) 所示。计算时要注意电压源的参考方向是否一致。

2. 理想电压源并联

两个及两个以上相同的理想电压源可以并联，等效为一个理想电压源，且等效理想电压源的电压值等于组成并联电路的每一个理想电压源的电压值，即 $U_S=U_{S1}=U_{S2}$，如图 2-14(b) 所示。需要注意的是，不相同的电压源一般不允许并联。

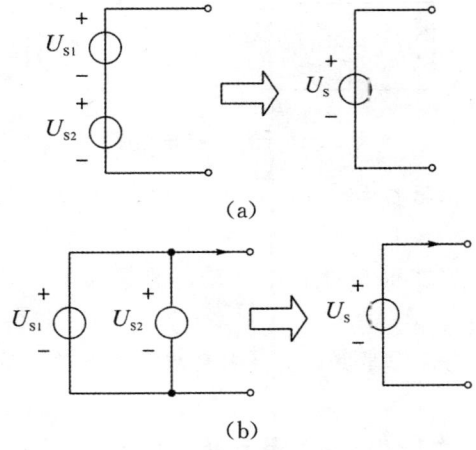

图 2-14 理想电压源串并联

2.2.3 理想电流源的串并联

1. 理想电流源串联

两个及两个以上相同的理想电流源可以串联，等效为一个理想电流源，且等效理想电流源的电流值等于组成串联电路的每一个理想电流源的电流值,即 $I_S=I_{S1}=I_{S2}$,如图 2-15(a) 所示。需要注意的是,不相同的电流源一般不允许串联。

2. 理想电流源并联

两个及两个以上理想电流源并联,可以等效为一个理想电流源,且等效理想电流源的电流值等于组成并联电路的每一个理想电流源的电流值之和,即 $I_S=I_{S1}+I_{S2}$,如图 2-15(b) 所示。计算时要注意电流源的参考方向是否一致。

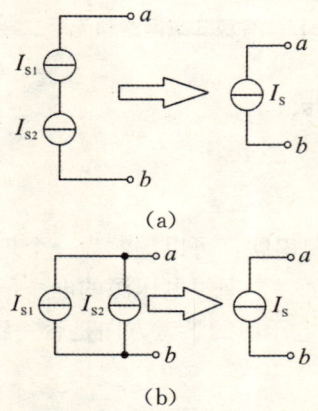

图 2-15 理想电流源串并联

例 2-7 图 2-16 所示各电路中的电压 U 或电流 I 是多少?

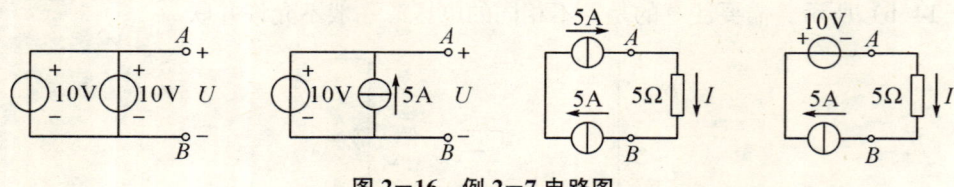

图 2-16 例 2-7 电路图

解:(a)多个相同的理想电压源并联,其等效理想电压源的电压等于每一个理想电压源的电压,故 $U=10$ V。

(b)理想电压源与非理想电压源支路并联,其等效电路就是原来的理想电压源,故 $U=10$ V。

(c)多个相同的理想电流源串联,其等效理想电流源的电流等于每一个理想电流源的电流,故 $I=5$ A。

(d)理想电流源与非理想电流源支路串联,其等效电路就是原来的理想电流源,故 $I=5$ A。

2.2.4 电压源与电流源的等效变换

实际电源可用两种电路模型来表示,一种为电压源和一电阻(内阻 R_0)的串联模型,还有一种为电流源和电阻(内阻 R_0)的并联模型,如图 2-17 所示。实际电源的这两种电路模型,对外电路是等效的,具体分析如下:

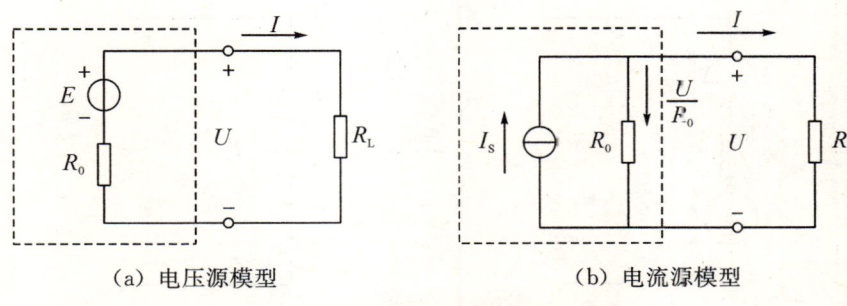

(a) 电压源模型　　　　　　(b) 电流源模型

图 2-17　实际电源的两种电路模型

由图 2-17(a) 所示电压源模型可知：
$$U = E - IR_0$$

由图 2-17(b) 所示电流源模型可知：
$$U = I_S R_0 - IR_0$$

等效变换条件：
$$E = I_S R_0, \text{即} I_S = \frac{E}{R_0} \tag{2-19}$$

注意：

① 电压源和电流源的等效关系只是对外电路而言的，对电源内部则是不等效的。例如，当 $R_L = \infty$ 时，电压源中的内阻 R_0 不损耗功率，而电流源中的内阻 R_0 则损耗功率。

② 等效变换时，两电源的参考方向要相对应，如图 2-18 所示。

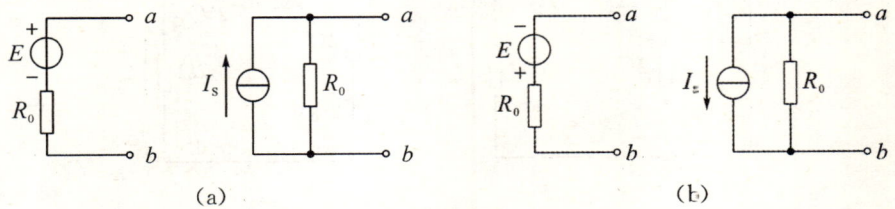

(a)　　　　　　　　　　　(b)

图 2-18　两种电源的参考方向

③ 理想电压源与理想电流源之间无等效关系。

④ 任何一个电动势为 E 的电压源和某个电阻 R 串联的电路，都可化为一个电流为 I_S 的电流源和这个电阻并联的电路。

⑤ 任何与电压源并联的两端元件都不影响该电压源，可以舍去，如图 2-19 所示。

⑥ 任何与电流源串联的两端元件都不影响该电流源，可以舍去，如图 2-20 所示。

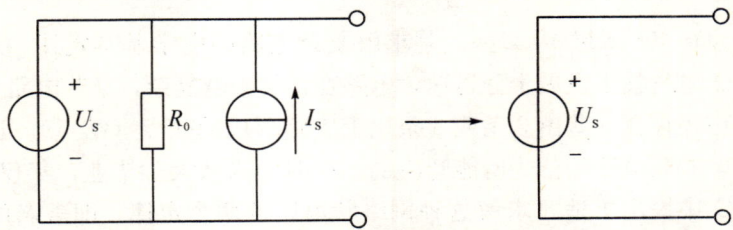

图 2-19　关于电压源模型等效变换的说明

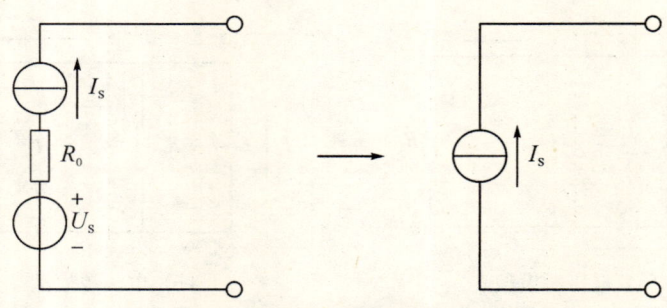

图 2-20 关于电流源模型等效变换的说明

例 2-8 某电路如图 2-21(a) 所示,试用电压源与电流源等效变换的方法计算 2 Ω 电阻中的电流。

解：根据电压源和电流源的等效变换性质可依次得到图 2-21(b)、(c)、(d)。

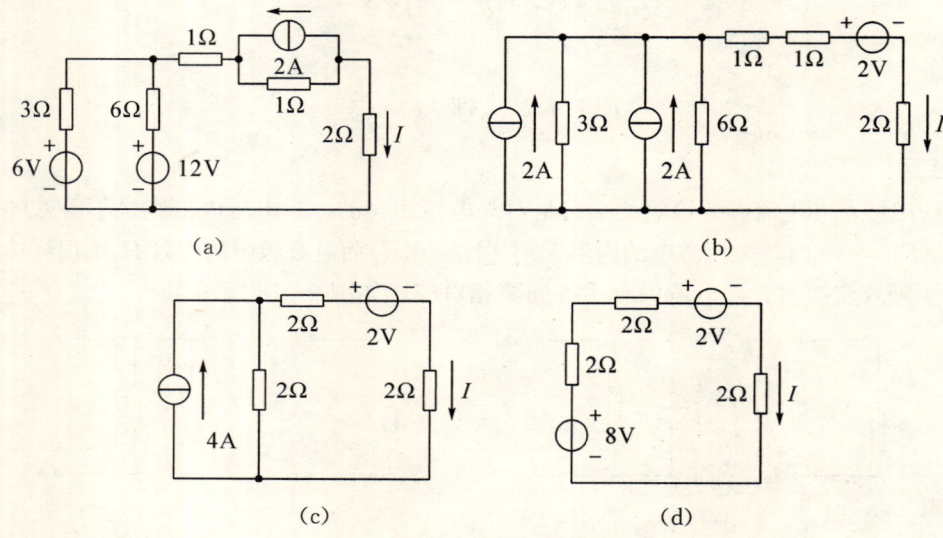

图 2-21 例 2-8 电路图

由图 2-21 (d) 可得

$$I = \frac{8-2}{2+2+2} = 1(A)$$

2.3 基尔霍夫定律

基尔霍夫定律（Kirchhoff Law）是求解复杂电路的电学基本定律。从 19 世纪 40 年代开始，由于电气技术发展十分迅速，电路变得越来越复杂，某些电路呈现出网络形状，并且网络中还存在一些由 3 条或 3 条以上支路形成的交点（结点）。这种复杂电路的求解不是串、并联电路的公式所能解决的。此时，刚从大学毕业，年仅 21 岁的基尔霍夫在他的论文中提出了适于求解这种网络状电路的两个定律，即著名的基尔霍夫定律。基尔霍夫定律能够迅速地求解任何复杂电路，从而成功地解决了一个阻碍电气技术发展的难题。由于似稳电流（低频交流电）具有的电磁波长远大于电路的尺度，所以在电路中每一瞬间的电流与电压均能很好地满足基尔霍夫定律。因此，基尔霍夫定律的应用范围亦可扩展到交流电路之中。

基尔霍夫定律是电路中电压和电流所遵循的基本规律，是分析和计算较为复杂电路的基础，包括基尔霍夫电流定律（KCL）和基尔霍夫电压定律（KVL）。

基尔霍夫定律既可以用于直流电路的分析，也可以用于交流电路的分析，还可以用于含有电子元件的非线性电路的分析。

2.3.1 基本概念

（1）两端元件：凡具有两个可与外部电路相连接的端钮的元件称为两端元件。图2-22所示电路中含有5个两端元件（即 R_1、R_2、R_3、U_{S1}、U_{S2}）。

（2）支路：电路中的每一条分支都称为支路，其数量用字母 b 表示。图2-22所示电路中 $b=3$。

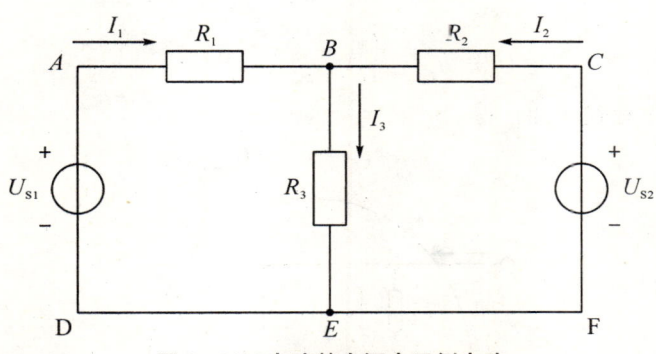

图 2-22　电路基本概念示例电路

（3）结点：电路中三条或三条以上支路的会聚点称为结点（node），其数量用字母 n 表示。图2-22所示电路中 $n=2$（即 B 和 E）。

（4）回路：由一条或多条支路所组成的闭合电路称为回路（loop），其数量用字母 l 表示。图2-22所示电路中 $l=3$（即 $ABED$ 回路、$BCFE$ 回路和 $ACFD$ 回路）。

（5）网孔：内部无支路的回路称为网孔（mesh），其数量用字母 m 表示。图2-22所示电路中 $m=2$（即 $ABED$ 回路、$BCFE$ 回路）。网孔一定是回路，但回路不一定是网孔。

2.3.2 基尔霍夫电流定律（KCL）

基尔霍夫电流定律反映了电路中与任一结点相关联的所有支路的电流之间的约束关系，表述为：在电路中，任何时刻，任一结点所有支路电流的代数和恒等于零。即

$$\sum I = 0 \tag{2-20}$$

如图2-22所示，假定流入结点的电流为正，流出结点的电流为负，则有：

对结点 B：　　　　$I_1 + I_2 - I_3 = 0$　或　$I_1 + I_2 = I_3$ 　　　　（2-21）

对结点 E：　　　　$-I_1 - I_2 + I_3 = 0$　或　$I_1 + I_2 = I_3$ 　　　　（2-22）

由上可见：

① 在任何一个瞬间，对任何一个结点，流进结点的电流之和一定等于流出结点的电流之和，即 $\sum I_{\text{in}} = \sum I_{\text{out}}$。对结点 B 有 $I_1 + I_2 = I_3$，对结点 E 有 $I_1 + I_2 = I_3$。注意：流进或流出是针对所假设的电流参考方向而言的。

② 如果在电路中有 n 个结点，则其中有 $(n-1)$ 个是独立结点。在图 2-22 所示电路中有 2 个结点（B、E），则有 1 个独立结点（任选一个）。在以上所列方程中，若将结点 B 的方程乘以 -1，即得到结点 E 的方程，因此，这两个方程中只有一个是独立的。

基尔霍夫电流定律还可以推广应用于包围部分电路的任一假想闭合面（称为广义结点），即在任一瞬间通过任一假想闭合面的电流的代数和也恒等于零。这是电流连续性的体现。

例如，在图 2-23 所示电路中，有：

对结点 a：$\qquad i_1 + i_{ca} - i_{ab} = 0 \qquad$ (2-23)

对结点 b：$\qquad i_2 + i_{ab} - i_{bc} = 0 \qquad$ (2-24)

对结点 c：$\qquad i_3 + i_{bc} - i_{ca} = 0 \qquad$ (2-25)

将上面 3 个方程式相加，得

$$i_1 + i_2 + i_3 = 0 \qquad (2-26)$$

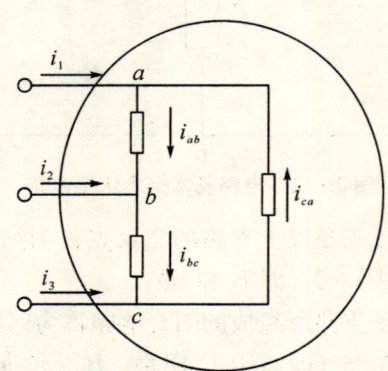

图 2-23 基尔霍夫电流定律的推广

注意：基尔霍夫定律具有普遍的适用性，它适用于由任何元件所构成的任何结构的电路，电压和电流可以是恒定的，也可以是变化的。

例 2-9 在图 2-24 所示的电路中，$I_1 = 4$ A，$I_2 = 1$ A，$I_4 = -3$ A，$I_5 = -2$ A，求电流 I_3 的数值。

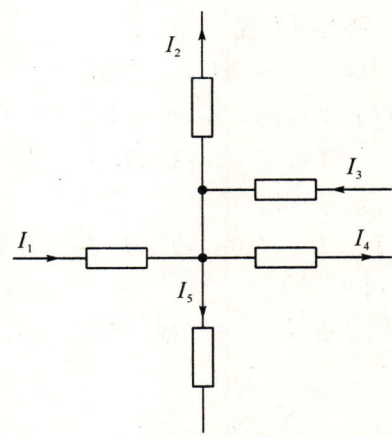

图 2-24 例 2-9 电路图

解：根据 KCL 有 $I_1 - I_2 + I_3 - I_4 - I_5 = 0$

所以 $I_3 = -I_1 + I_2 + I_4 + I_5$
$= -4 + 1 + (-3) + (-2) = -8(A)$

2.3.3 基尔霍夫电压定律（KVL）

基尔霍夫电压定律反映了电路中组成任一回路的所有支路的电压之间的约束关系，表述为：在电路中，任何时刻，沿任一闭合回路所经各个元件的电压降的代数和恒等于零。即

$$\sum U = 0 \tag{2-27}$$

在列方程时，可任意选取回路的循行方向（一经选定不可更改）。在循行过程中，若某元件电位从低到高（电位升），该元件电压为负值；若某元件电位从高到低（电位降），该元件电压为正值。

一般规定：支路电压的参考方向与回路循行方向一致时取"+"号，相反时取"-"号；支路电流的参考方向与回路循行方向一致时，在电阻上产生的电压降取"+"号，相反时在电阻上产生的电压降取"-"号。

假定各支路电压的参考方向和各回路的循行方向（取顺时针方向）如图 2-25 所示。

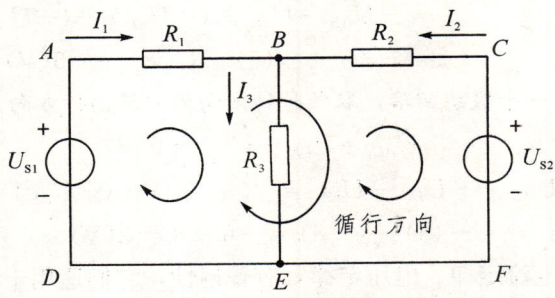

图 2-25 基尔霍夫电压定律示例电路

根据 KVL，对 ACFD 回路列写方程
$$U_{AC} + U_{CF} + U_{FD} + U_{DA} = 0$$
式中，$U_{AC} = R_1I_1 - R_2I_2$，$U_{CF} = U_{S2}$，$U_{FD} = 0$，$U_{DA} = -U_{S1}$，代入方程可得
$$R_1I_1 - R_2I_2 + U_{S2} - U_{S1} = 0 \quad \text{或} \quad R_1I_1 - R_2I_2 = U_{S1} - U_{S2} \quad (2-28)$$
同理，对 ABED 回路，分析可得
$$R_1I_1 + R_3I_3 - U_{S1} = 0 \quad \text{或} \quad R_1I_1 + R_3I_3 = U_{S1} \quad (2-29)$$
对 BCFE 回路，分析可得
$$-R_2I_2 + U_{S2} - R_3I_3 = 0 \quad \text{或} \quad R_2I_2 + R_3I_3 = U_{S2} \quad (2-30)$$
由上面 3 个等式可得
$$\sum RI = \sum U_S \quad (2-31)$$
这就是基尔霍夫电压定律的另一种表达式，可叙述为：任一瞬间，电路中任一回路各电压降的代数和恒等于这个回路内各电源电压的代数和。

注意：基尔霍夫电压定律不仅适用于闭合电路，也可以推广应用于假想回路（开口回路）。

例 2-10 在图 2-26 所示的闭合电路中，各支路元件是任意的，各电压参考方向如图标示。已知 $U_{AB} = 3$ V，$U_{BC} = 4$ V，$U_{ED} = -6$ V，$U_{AE} = 8$ V，试求：(1) U_{CD}；(2) U_{AD}。

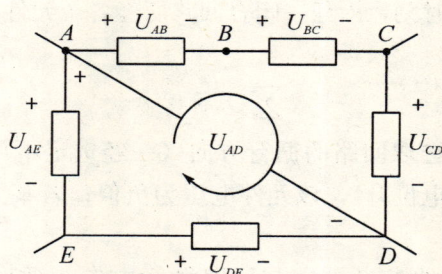

图 2-26 例 2-10 电路图

解：(1) 取顺时针方向为回路循行方向，根据 KVL 可列出
$$U_{AB} + U_{BC} + U_{CD} + U_{DE} + U_{EA} = 0$$
$$U_{CD} = -U_{AB} - U_{BC} - U_{DE} - U_{EA}$$
$$= -U_{AB} - U_{BC} - (-U_{ED}) - (-U_{AE})$$
$$= -3 - 4 - (6) - (-8) = -5(\text{V})$$

(2) 设 ADEA 为一个假想回路，取顺时针方向为回路循行方向，根据 KVL 可列出
$$U_{AD} + U_{DE} + U_{EA} = 0$$
$$U_{AD} = -U_{DE} - U_{EA} = -(-U_{ED}) - (-U_{AE})$$
$$= -(6) - (-8) = -6 + 8 = 2(\text{V})$$

总结：基尔霍夫电流定律、电压定律具有普遍性，它们适用于由任何元件所构成的任何结构的电路，其中的电压和电流可以是恒定的，也可以是任意变化的。

2.4 支路电流法

支路电流法是以电路中每条支路的电流为未知量，对独立结点、独立回路（网孔）分别应用基尔霍夫电流定律、基尔霍夫电压定律列出相应的方程，从而解得支路电流。具体分析如下：

在图 2-27 所示电路中，设定各支路电流 I_1、I_2、I_3 的参考方向，以及网孔循行方向，如图所示。在图中有两个结点，独立结点只有一个，故只需对其中一个结点列电流方程。独立回路有两个，故需对 2 个网孔列电压方程。

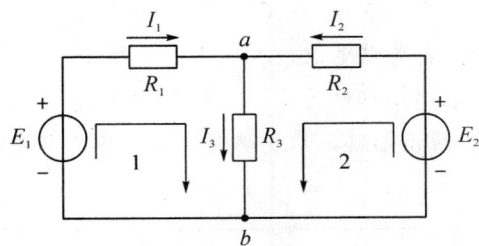

图 2-27 支路电流法示例电路

对结点 a：
$$I_1 + I_2 - I_3 = 0 \tag{2-32}$$

对回路 1：
$$R_1 I_1 + R_3 I_3 - E_1 = 0 \tag{2-33}$$

对回路 2：
$$R_2 I_2 + R_3 I_3 - E_2 = 0 \tag{2-34}$$

联立三个方程式求解，可解得三个支路电流 I_1、I_2、I_3。

通过以上分析，可总结出应用支路电流法求解电路的步骤：

① 假定各支路电流的参考方向、网孔循行方向。

② 根据基尔霍夫电流定律，对独立结点列电流方程（如有 n 个结点，则有 $n-1$ 个结点是独立的）。

③ 根据基尔霍夫电压定律，对独立回路列电压方程（一般选取网孔，网孔是独立回路）。

④ 解方程组，求出支路电流。

例 2-11 试用支路电流法，求解图 2-28 所示电路中通过电阻 R_1、R_2 和 R 的电流。已知 $U_{S1} = 130 \text{ V}$，$U_{S2} = 117 \text{ V}$，$R_1 = 1 \text{ Ω}$，$R_2 = 0.6 \text{ Ω}$，$R = 24 \text{ Ω}$。

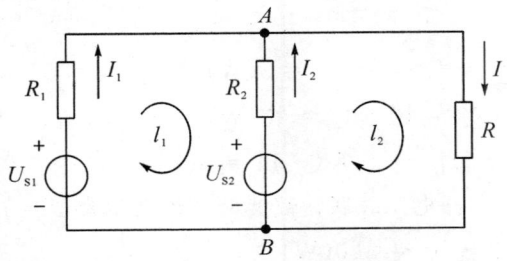

图 2-28 例 2-11 电路图

解：先假定各支路电流的参考方向，如图 2-28 所示。然后，根据基尔霍夫电流定

律 $\sum I = 0$，列出结点的电流方程式。该电路中有 A、B 两个结点，我们分别列出方程。

对于结点 A 有 $\qquad I_1 + I_2 - I = 0 \qquad$ (2-35)

对于结点 B 有 $\qquad -I_1 - I_2 + I = 0 \qquad$ (2-36)

这两个方程中只有一个是独立的。

再根据基尔霍夫电压定律 $\sum U = 0$，列出回路的电压方程式，通常选网孔为分析对象。本例中我们对回路 l_1 和回路 l_2 选定循行方向如图 2-28 所示。

对回路 l_1 有 $\qquad R_1 I_1 - R_2 I_2 + U_{S2} - U_{S1} = 0 \qquad$ (2-37)

对回路 l_2 有 $\qquad R_2 I_2 + RI - U_{S2} = 0 \qquad$ (2-38)

最后解方程组，求出三条支路电流。本例中，需联立 (2-35)、(2-37)、(2-38) 三个方程式，代入数据，求出支路电流 $I_1 = 10 \text{ A}$，$I_2 = -5 \text{ A}$，$I = 5 \text{ A}$。

例 2-12 如图 2-29 所示电路，用支路电流法求各支路电流及各元件功率。

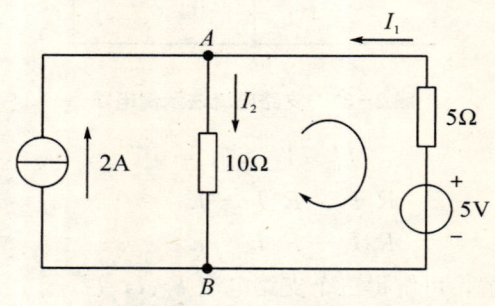

图 2-29 例 2-12 电路图

解：本例中只有两个电流未知量 I_1 和 I_2，因此只需列出两个方程即可求解。对结点 A，列 KCL 方程：

$$I_1 - I_2 + 2 = 0 \qquad (2-39)$$

对图示回路，列 KVL 方程：

$$-5I_1 - 10I_2 + 5 = 0 \qquad (2-40)$$

联立 (2-39)、(2-40) 两个方程，解得

$$I_1 = -1\text{A}, \quad I_2 = 1\text{A}$$

各元件的功率为：

$5\,\Omega$ 电阻：$P_1 = 5I_1^2 = 5 \times (-1)^2 = 5(\text{W})$

$10\,\Omega$ 电阻：$P_2 = 10I_2^2 = 10 \times 1^2 = 10(\text{W})$

5 V 电压源：$P_3 = -5I_1 = -5 \times (-1) = 5(\text{W})$

因为 2 A 电流源与 $10\,\Omega$ 电阻并联，故其两端的电压为 $U = 10I_2 = 10 \times 1 = 10(\text{V})$，功率为 $P_4 = -2U = -2 \times 10 = -20(\text{W})$。

由以上计算可知，2 A 电流源发出 20 W 功率，其余 3 个元件总共吸收的功率也是 20 W，可见电路功率平衡。

2.5 网孔电流法

当电路中支路较多时,应用支路电流法存在方程数量过多,不方便计算的问题。网孔电流法是以假想的网孔电流为未知量,应用基尔霍夫电压定律,列出网孔的 KVL 方程,求出网孔电流,再根据各支路电流与网孔电流的关系,求解支路电流。应用网孔电流法可以有效减少方程数量,有助于快速求解电路。

例 2-13 图 2-30 所示电路,试用网孔电流法求解各支路电流。

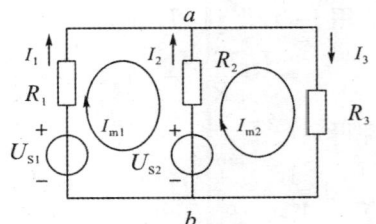

图 2-30 例 2-13 电路图

解: 该电路包含两个网孔,假设网孔电流分别为 I_{m1}、I_{m2}。

针对网孔 1,列 KVL 方程:$R_1 I_{m1} + R_2(I_{m1} - I_{m2}) - U_{S1} + U_{S2} = 0$

针对网孔 2,列 KVL 方程:$R_2(I_{m2} - I_{m1}) + R_3 I_{m2} - U_{S2} = 0$

求得各支路电流为 $I_1 = I_{m1}$,$I_2 = I_{m2} - I_{m1}$,$I_3 = I_{m2}$。

以上电压与回路循行方向一致时取"+",否则取"-"。

利用网孔电流法分析电路的一般步骤为:

(1) 选定电路中各个网孔的循行方向;
(2) 对 m 个网孔,以网孔电流为未知量,列写其 KVL 方程;
(3) 求解上述方程,得到 m 个网孔电流;
(4) 求各支路电流(用网孔电流表示)。

2.6 结点电压法

电路中任一结点与参考点之间的电压称为结点电压。所谓结点电压法,就是在电路的 n 个节点中,选定一个结点作为参考点,再以其余各结点电压为待求量,利用基尔霍夫定律列出 $(n-1)$ 个结点电流方程式,进而求解电路响应的方法。

结点较少而支路较多的电路,计算支路电流时,使用支路电流法比较烦琐,利用结点电压法会比较方便。例如,图 2-31 所示电路中有 4 条支路、2 个结点,若用支路电流法求解需列 4 个方程,使用结点电压法则只需列一个方程。

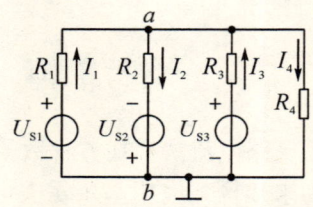

图 2-31 结点电压法示例电路

假设以电路中的结点 b 为参考点，则 a 点的结点电压就是结点 a 与结点 b 间的电压，用 U_a 或 V_a 表示。

对图 2-31 中的结点 a 应用 KCL 得到：$I_1 + I_3 = I_2 + I_4$

应用 KVL 得：$I_1 = \dfrac{U_{S1} - U_a}{R_1}$，$I_2 = \dfrac{U_a + U_{S2}}{R_2}$，$I_3 = \dfrac{U_{S3} - U_a}{R_3}$，$I_4 = \dfrac{U_a}{R_4}$

代入以上结点电流方程并整理得到：

$$\left(\dfrac{1}{R_1} + \dfrac{1}{R_2} + \dfrac{1}{R_3} + \dfrac{1}{R_4}\right)U_a = \dfrac{U_{S1}}{R_1} - \dfrac{U_{S2}}{R_2} + \dfrac{U_{S3}}{R_3}$$

将上式整理成一般形式：

$$U_a = \dfrac{\sum \dfrac{U_S}{R} + \sum I_S}{\sum \dfrac{1}{R}} \tag{2-41}$$

式（2-41）中，分子为电路中所有电源（电压源和电流源）产生的电流之和。其中，规定流入结点电流取"+"，流出节点电流取"-"。分母是与结点相连接的所有电阻的倒数（即电导）之和。注意：与电压源并联的电阻，以及与电流源串联的电阻不纳入计算。

例 2-14 用结点电压法求图 2-32 所示电路中各支路的电流。

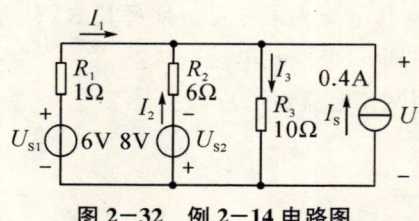

图 2-32 例 2-14 电路图

解：设以电压 U 的负极端为参考点，则电压 U 的正极端对应的结点电压为 U，由结点电压法有：

$$U = \dfrac{\dfrac{U_{S1}}{R_1} - \dfrac{U_{S2}}{R_2} + I_S}{\dfrac{1}{R_1} + \dfrac{1}{R_2} + \dfrac{1}{R_3}} = \dfrac{\dfrac{6}{1} - \dfrac{8}{6} + 0.4}{\dfrac{1}{1} + \dfrac{1}{6} + \dfrac{1}{10}} = 4(V)$$

由 KVL 求出各支路电流：

$$I_1 = \dfrac{U_{S1} - U}{R_1} = \dfrac{6 - 4}{1} = 2(A)$$

$$I_2 = \dfrac{-U_{S2} - U}{R_2} = \dfrac{-8 - 4}{6} = -2(A)$$

$$I_3 = \frac{U}{R_3} = \frac{4}{10} = 0.4(\text{A})$$

2.7 叠加定理

电路的叠加定理（Superposition Theorem）指出：对于一个线性系统，一个含多个独立源的双边线性电路的任何支路的响应（电压或电流），等于每个独立源单独作用时的响应的代数和，此时所有其他独立源被替换成它们各自的阻抗。该定理适用于由独立源、受控源、无源器件（电阻、电感、电容）和变压器组成的线性网络（时变或静态）。

注意：在考虑某一独立电源单独作用时，要假设其他电源不存在。
① 假设理想电压源不起作用，即电压为零，相当于短路，可用短路线代替。
② 假设理想电流源不起作用，即电流为零，相当于开路，可用开路代替。
③ 若电源有内阻，则应保留在原处。

依次对每个电源按以上步骤单独计算，然后将所得的响应相加，即可确定电路的真实值。

如图2-33所示，电路中的U_{S1}、U_{S2}共同作用所产生的电流应为各电源单独作用所产生的电流的代数和。

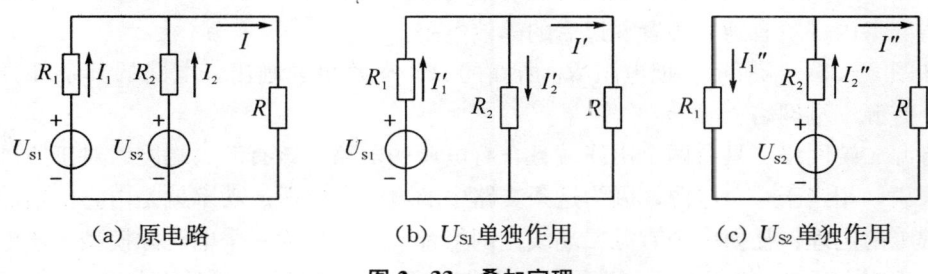

（a）原电路　　　　　　　（b）U_{S1}单独作用　　　　　　　（c）U_{S2}单独作用

图2-33　叠加定理

U_{S1}单独作用在各支路中所产生的电流：I_1'、I_2'、I'。
U_{S2}单独作用在各支路中所产生的电流：I_1''、I_2''、I''。

因此，图2-33(a)可视为图(b)和图(c)的叠加。

注意：叠加定理仅适用于电压和电流，而不适用于电功率。换句话说，每个电源单独作用的功率之和并不是真正消耗的功率。要计算电功率，我们应该先用叠加定理得到各线性元件的电压和电流，然后计算出相应的功率。

例2-15　试求图2-34(a)所示电路中的电流I和电压U。

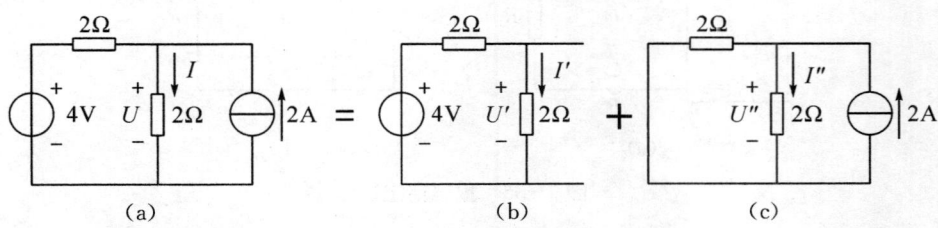

（a）　　　　　　　　　　（b）　　　　　　　　　　（c）

图2-34　例2-15电路图

解：先求理想电压源单独作用时所产生的电流 I' 和电压 U'。此时将理想电流源所在支路开路，如图 2-34(b) 所示。由欧姆定律可得

$$I' = \frac{4}{2+2} = 1(\text{A}), U' = 2 \times 1 = 2(\text{V})$$

再求理想电流源单独作用时所产生的电流 I'' 和电压 U''。此时将理想电压源所在处短路，如图 2-34（c）所示。由分流公式可得

$$I'' = \frac{2}{2+2} \times 2 = 1(\text{A}), U'' = 2 \times 1 = 2(\text{V})$$

由叠加定理可得

$$I = I' + I'' = 1 + 1 = 2(\text{A})$$
$$U = U' + U'' = 2 + 2 = 4(\text{V})$$

2.8 戴维南定理

对于含独立源、线性电阻和线性受控源的单口网络（二端网络），都可以用一个电压源与电阻相串联的单口网络（二端网络）来等效，这个电压源的电压，就是此单口网络（二端网络）的开路电压，这个串联电阻就是从此单口网络（二端网络）两端看进去，将网络内部所有独立源置零以后的等效电阻。

如图 2-35(a) 所示，把电阻 R_L 所在的 AB 支路单独画出，电路的其余部分就成为一个有源二端网络。

有源二端网络：具有两个出线端且含有电源的电路。该有源二端网络对于所画出的支路来说，相当于一个电源，因为这条支路中的电流、电压、功率就是由它供给的。

戴维南定理：任何一个有源二端线性网络都可以变换为一个电压源模型，该电压源模型的理想电压 U_S 等于有源二端网络的开路电压 U_∞，电压源模型的内阻 R_0 等于相应的无源二端网络的等效电阻，如图 2-35(b) 所示。

等效电阻：除去理想电压源（即 $U_S = 0$，将理想电压源所在处短路）及理想电流源（即 $I_S = 0$，将理想电流源所在处开路）后，计算得到的电阻。

$$I = \frac{U_S}{R_0 + R_L}, U = U_S - R_0 I \tag{2-42}$$

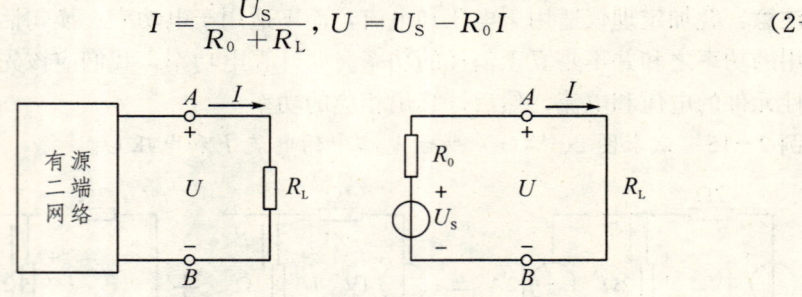

图 2-35 戴维南定理

例 2-16 求图 2-36（a）所示电路的戴维南等效电路。已知 $U_{S1} = 40\text{ V}, U_{S2} =$

20 V，$R_1 = 2\,\Omega$，$R_2 = 2\,\Omega$，$R = 5\,\Omega$。

解：将图 2-36(a) 所示点划线框内电路看作有源二端网络，根据戴维南定理可用一个电压为 U_S 的理想电压源和内阻 R_0 相串联的电压源模型来等效代替。

电压源模型的理想电压 U_S 等于 A、B 两端的开路电压 U_{OC}。由图 2-36(b) 可求得

$$I_1 = \frac{U_{S1} - U_{S2}}{R_1 + R_2} = \frac{40 - 20}{2 + 2} = 5(\text{A})$$

故

$$U_S = U_{OC} = R_2 I_1 + U_{S2} = 2 \times 5 + 20 = 30(\text{V})$$

其内阻 R_0 为 A、B 之间的无源二端网络的等效电阻，由图 2-36(c) 可求得

$$R_0 = \frac{R_1 R_2}{R_1 + R_2} = \frac{2 \times 2}{2 + 2} = 1(\Omega)$$

于是得到戴维南等效电路如图 2-36(d) 所示。

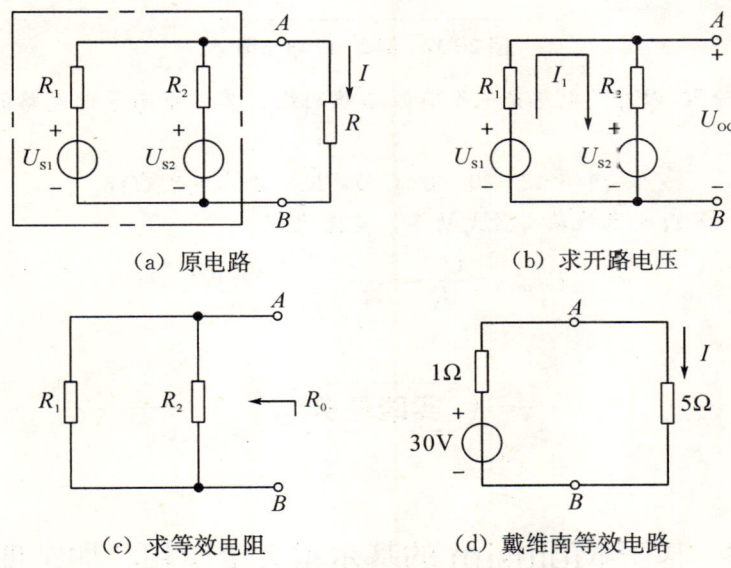

(a) 原电路 (b) 求开路电压

(c) 求等效电阻 (d) 戴维南等效电路

图 2-36 例 2-16 电路图

2.9 最大功率传输定律

在前面的介绍中，我们知道任何一个线性有源二端网络都可以变换为一个电压源 U_S 和一个内阻 R_0 串联的等效电路，如图 2-35 所示。当二端网络连接负载 R_L 后，负载获得的功率为

$$P = I^2 R_L = \left(\frac{U_S}{R_0 + R_L}\right)^2 R_L \tag{2-43}$$

可见，在电源和内阻给定的条件下，负载功率的大小与负载电阻 R_L 本身有关。根据数学推导，可求得负载获得最大功率的条件是 $R_L = R_0$。

此时，负载获得的最大功率为：

$$P_{\max} = \frac{U_S^2}{4R_0} \tag{2-44}$$

当负载电阻与电源内阻相等时，负载获得最大功率，这种工作状态称为负载与电源匹配。此时电源内阻上消耗的功率和负载获得的功率相等，电源效率只有50%。

在电力系统中，传输的功率大，要求效率高、能量损失小，所以不能工作在匹配状态。而在电子信息系统中，传输的功率小，效率居于次要地位，常设法达到匹配状态，使负载获得最大功率。

例 2-17 求图 2-37 所示电路中负载获得最大功率时的 R_L 值及最大功率。

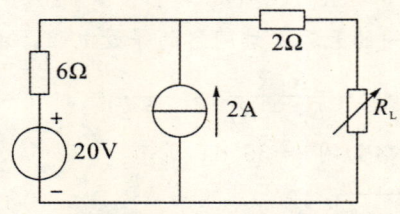

图 2-37 例 2-17 电路图

解： 图中除 R_L 以外的电路是一个有源二端网络，其戴维南等效电路的开路电压及内阻分别为

$$U_{OC}=6\times2+20=32 \text{ (V)}, \quad R_0=2+6=8 \text{ (Ω)}$$

因此，$R_L=8\ \Omega$ 时负载获得最大功率，其值为

$$P_{Lmax}=\frac{U_S^2}{4R_0}=\frac{32^2}{4\times8}=32(\text{W})$$

实践任务

实验 3　基于 Multisim 的基尔霍夫定律和叠加定理验证

一、实验目的

（1）验证基尔霍夫定律和叠加定理的正确性，加深对基尔霍夫定律和叠加定理的理解。

（2）学会利用软件平台搭建电路，并能用虚拟仪器、仪表测量电流、电压等参数。

二、实验原理

1. 基尔霍夫定律

(1) 基尔霍夫电流定律。

基尔霍夫电流定律（KCL）描述的是电路中任意一结点上各支路电流之间的关系。可表述为：对于电路中的任意一个结点，单位时间内流入该结点的电荷（流入电流之和）必然等于流出该结点的电荷（流出电流之和），其数学表达式（电流平衡方程）为

$$\sum I_{流入} = \sum I_{流出} \tag{2-45}$$

一般我们可约定：流入电流为正，流出电流为负。

(2) 基尔霍夫电压定律。

基尔霍夫电压定律（KVL）描述的是电路中任一回路上各个元件两端电压之间的关系。可表述为：在任意时刻，沿任一电路循行方向（顺时针或逆时针），回路中各段电压的代数和恒等于零。其数学表达式（电压平衡方程）为

$$\sum U = 0 \tag{2-46}$$

一般我们可约定：沿循行方向，电压降为正，电压升为负，反之亦可。

2. 叠加定理

叠加定理是线性电路中普遍适用的基本定理，它反映了线性电路所具有的基本性质，即在线性电路中，多个电源（电压源或电流源）共同作用在任一支路所产生的响应（电压或电流）等于这些电源单独作用在该支路所产生响应的代数和。

三、实验设备

实验设备清单见表 2-1。

表 2-1 实验设备清单

序号	名称	型号与规格	数量	备注
1	Multisim 软件		1	
2	可调直流电源	0~30 V	2	
3	万用表	0~200 mA，0~200 V	6	
4	电位探针、电流探针		6	
5	线性电阻器	330 Ω，510 Ω，1 kΩ	5	
6	半导体二极管	1N4007	1	
7	双掷开关		3	

四、实验内容

(1) 在 Multisim 软件中,找到直流电源、电阻元件、二极管、双掷开关、万用表以及电流、电压探针,按照图 2-38 连接好电路。令电源"V1"输出电压 $V_1=12$ V,电源"V2"输出电压 $V_2=6$ V,开关 S3 接 330 Ω 电阻。

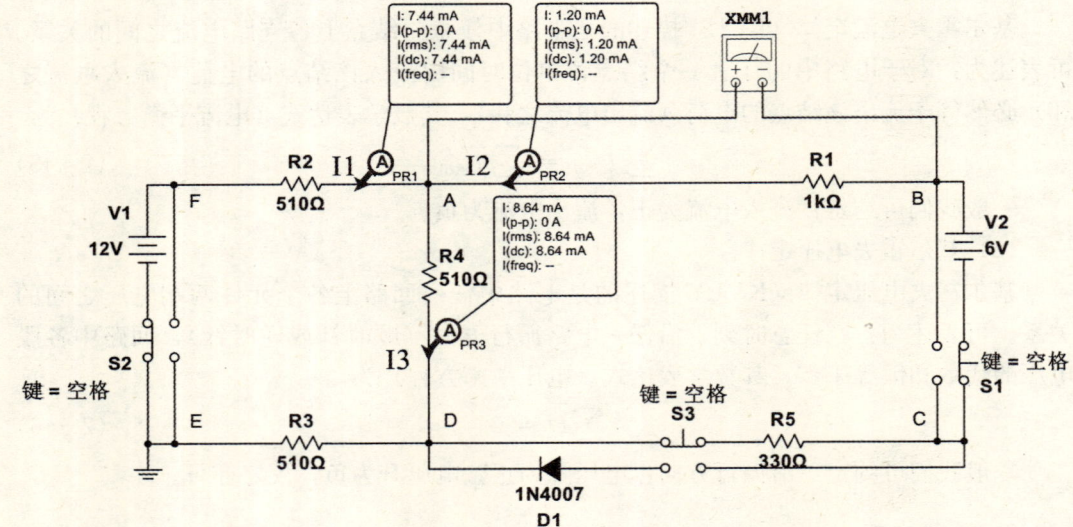

图 2-38 实验电路

仿真电路源文件

(2) 将开关 S1 投向短路侧,S2 投向"V1"侧,令电源"V1"单独作用,用万用表和电流探针测量各支路电流 I_1、I_2、I_3 及电阻元件两端的电压 U_{AB}、U_{CD}、U_{AD}、U_{DE}、U_{FA} 的值,并将实验数据记入表 2-2 中。

(3) 将开关 S1 投向"V2"侧,S2 投向短路侧,令电源"V2"单独作用,重复实验步骤(2),并将实验数据记入表 2-2 中。

(4) 将开关 S1 投向"V2"侧,S2 投向"V1"侧,令电源"V1"和"V2"共同作用,再次重复实验步骤(2),并将实验数据记入表 2-2 中。

表 2-2 基尔霍夫定律和叠加定理验证实验数据记录表 (S3 接电阻)

被测量参数	V_1/V	V_2/V	U_{AB}/V	U_{CD}/V	U_{AD}/V	U_{DE}/V	U_{FA}/V	KVL 验证	I_1/A	I_2/A	I_3/A	KCL 验证
"V1"单独作用	12	0						$\sum U=$				$\sum I=$
"V2"单独作用	0	6						$\sum U=$				$\sum I=$

续表

被测量参数	V_1/V	V_2/V	U_{AB}/V	U_{CD}/V	U_{AD}/V	U_{DE}/V	U_{FA}/V	KVL验证	I_1/A	I_2/A	I_3/A	KCL验证
"V1"和"V2"共同作用	12	6						$\sum U =$				$\sum I =$
叠加定理验证	—	—						—				—

（5）将开关 S3 投向半导体二极管侧，重复实验步骤（2）～（4），并将实验数据记入表 2-3 中。

表 2-3　基尔霍夫定律和叠加定理验证实验数据记录表（S3 接二极管）

被测量参数	V_1/V	V_2/V	U_{AB}/V	U_{CD}/V	U_{AD}/V	U_{DE}/V	U_{FA}/V	KVL验证	I_1/A	I_2/A	I_3/A	KCL验证
"V1"单独作用	12	0						$\sum U =$				$\sum I =$
"V2"单独作用	0	6						$\sum U =$				$\sum I =$
"V1"和"V2"共同作用	12	6						$\sum U =$				$\sum I =$
叠加定理验证	—	—						—				—

五、实验报告

（1）整理测量数据，填写实验表格，分析实验结果。
（2）根据表中的测量值和基尔霍夫定律，分别计算结点总电流和各回路电压，验证基尔霍夫电流定律和电压定律的正确性。
（3）根据测量结果验证各电阻元件上的总电流、总电压是否符合叠加定理。
（4）将 330 Ω 电阻换成二极管后，基尔霍夫定律和叠加定理是否仍然有效？请根据实验数据进行验证。
（5）总结实验的收获、心得体会。

实验 4　基于 Multisim 的最大功率传输定律研究

一、实验目的

理解阻抗匹配的定义，掌握最大功率传输的条件。

二、实验原理

如图 2-39 所示供电电路中,U_S 为电源电压,R_0 为电源内阻,R_L 为负载电阻。根据最大功率传输定律,当电源的内阻和负载的阻抗相等,即 $R_L = R_0$ 时,称为阻抗匹配,此时负载将获得最大的输出功率 $P_{max} = \dfrac{U_S^2}{4R_0}$。负载获得最大功率时,电路的工作效率为 $\eta = \dfrac{P_L}{U_S I} \times 100\% = 50\%$。

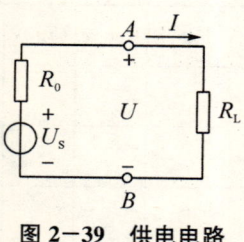

图 2-39 供电电路

三、实验设备

实验设备清单见表 2-4。

表 2-4 实验设备清单

序号	名称	型号与规格	数量	备注
1	Multisim 软件		1	
2	可调直流电源	0～30 V	1	
3	万用表	0～200 mA,0～200 V	2	
4	线性电阻器	200 Ω	1	
5	可调电阻器	0～1 kΩ	1	

四、实验内容

(1) 在 Multisim 软件中,找到直流电源、线性电阻器、可调电阻器及万用表,按照图 2-40 连接好电路。令电源电压 $U_S = 10$ V,内阻 $R_0 = 200$ Ω。

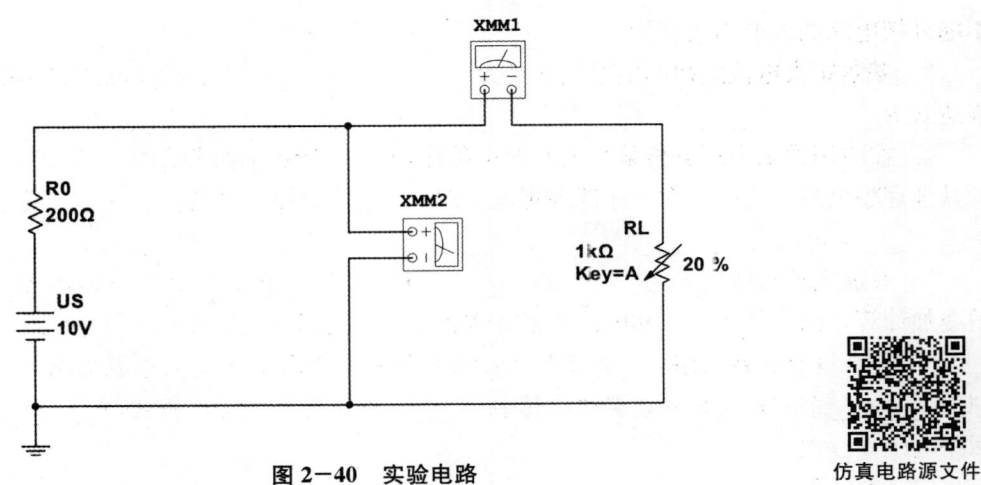

图 2-40 实验电路

仿真电路源文件

(2) 设置万用表 1 为直流电流表,万用表 2 为直流电压表,并按照表 2-5 调节可调电阻器阻值,依次测量电路电流和可调电阻器两端电压,并将实验结果记入表 2-5 中。

表 2-5 最大功率传输定律验证实验数据记录表

R_L/Ω	0	50	100	150	200	250	300	350	400	600	800	1000
U_L/V												
I/mA												
P_L/mW												
$\eta/\%$												

(3) 根据实验数据,计算功率和效率值,并填入表 2-5 中。

五、实验报告

(1) 整理测量数据,填写实验表格,分析实验结果,说明负载获得最大功率时,负载阻抗大小与电源内阻的关系。
(2) 总结实验的收获、心得体会。

思考练习

一、填空题

1. 两种电源模型之间等效变换的条件是_____或_____,且等效变换仅对_____等效,而电源内部是_____的。
2. 理想电压源的输出电压与理想电流源的输出电流是由_____确定的定值,是不随外接电路的改变而改变的。

3. 基尔霍夫电流定律的数学表达式为_____，基尔霍夫电压定律的数学表达式为_____。

4. 在应用叠加定理分析某个电源的单独作用时，应保持电路结构不变，将电路中的其他理想电源视为不存在，亦即理想电压源_____，电动势为_____，理想电流源_____，电流为_____。

5. 叠加定理只适用于_____的_____和_____的计算，而不能用于_____的叠加计算，因为_____和电流的平方成正比，不是线性关系。

6. 一个具有 b 条支路、n 个节点（$b>n$）的复杂电路，用支路电流法求解时，需列出_____个方程式来联立求解，其中_____个为节点电流方程式，_____个为回路电压方程式。

二、判断题

1. 理想电压源的输出电流和电压都是恒定的，不随负载的变化而变化。（　　）
2. 叠加定理仅适用于线性电路，对非线性电路则不适用。（　　）
3. 叠加定理不仅适用于线性电路中的电压和电流的计算，也适用于功率的计算。（　　）
4. 任何一个含源二端网络，都可以用一个电压源模型来等效替代。（　　）
5. 基尔霍夫定律一般只用于直流电路的分析。（　　）
6. 几个电阻并联后的总电阻等于各并联电阻的倒数之和。（　　）
7. 并联电路中各支路中的电流不一定相等。（　　）
8. 在电阻并联电路中，各支路电流与该支路的阻值成反比。（　　）
9. 网孔都是回路，而回路不一定是网孔。（　　）

三、选择题

1. 电压源和电流源的输出端电压_____。

A. 均随负载的变化而变化
B. 均不随负载的变化而变化
C. 电压源的输出端电压不变，电流源的输出端电压随负载变化而变化
D. 电流源的输出端电压不变，电压源的输出端电压随负载变化而变化

2. 串联电路中各电阻两端电压的关系为_____。

A. 各电阻两端电压相等　　　　　　　　B. 阻值越小，两端电压越大
C. 阻值越大，两端电压越大　　　　　　D. 无法确定

3. 将图 2-41 所示电路化为电流源模型（将 1 Ω 电阻视为负载），其电流 I_S 和内阻 R_0 为_____。

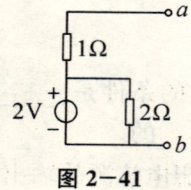

图 2-41

A. 1A,2Ω B. 1A,1Ω C. 2A,1Ω D. 2A,2Ω

4. 将图 2-42 所示电路化为电压源模型（将 1Ω 电阻视为负载），其电压 U_S 和内阻 R_0 为_____。

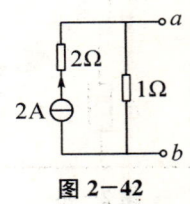

图 2-42

A. 2V,1Ω B. 1V,2Ω C. 2V,2Ω D. 4V,2Ω

5. 用叠加定理可计算出图 2-43 所示电路中的电流 I 为_____。

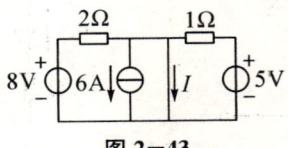

图 2-43

A. 0 A B. 1 A C. 2 A D. 3 A

四、简答题

1. 一段含源支路 ab 如图 2-44 所示，已知 $U_{ab}=5$ V，$U_{S1}=6$ V，$U_{S2}=14$ V，$R_1=2\ \Omega$，$R_3=3\ \Omega$，电流的参考方向如图所示，求 I。

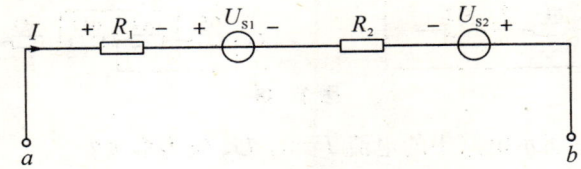

图 2-44

2. 设某电路中的闭合面如图 2-45 所示，根据基尔霍夫电流定律可得 $I_A+I_B+I_C=0$。有人问：电流都流入闭合面内，那怎么流回去呢？你如何解释这个问题？

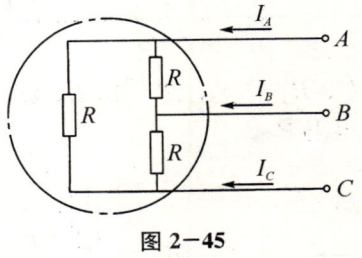

图 2-45

3. 一只 220 V/40 W 的白炽灯与一只 220 V/100 W 的白炽灯并联接于 220 V 的电源上，哪个更亮？若串联接于 220 V 的电源上，哪个更亮？为什么？

4. 收音机的音量调节电路利用了串联电阻的分压作用，其原理电路如图 2-46 所示。设信号输入电压 $U_1=2$ V，电阻 $R=510\ \Omega$，电位器的阻值 R_P 可在 0～5.1 kΩ 范围内连续调节。试分析输出电压U_2的调节范围。

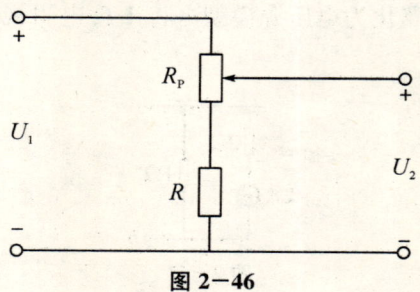

图 2-46

5. 用电源等效变换的方法化简图 2-47 所示各电路。

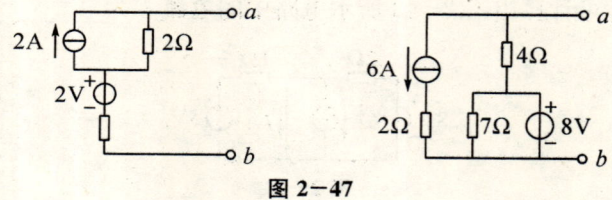

图 2-47

五、计算题

1. 求图 2-48 所示两个电路中 A、B 间的等效电阻 R_{AB}。

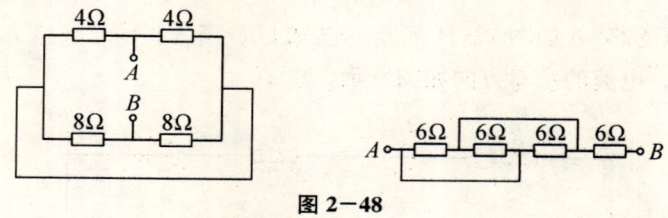

图 2-48

2. 若使图 2-49 所示电路中的电流 $I=0$，U_S 应为多少？

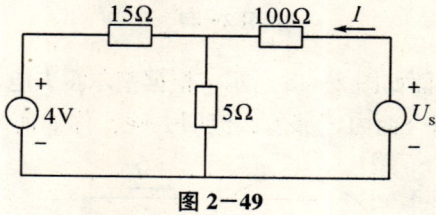

图 2-49

3. 在图 2-50 所示电路中，$R_1=5\ \Omega$，$R_2=15\ \Omega$，$U_S=100$ V，$I_1=5$ A，$I_2=2$ A。若 R_2 两端电压 $U=30$ V，求电阻 R_3。

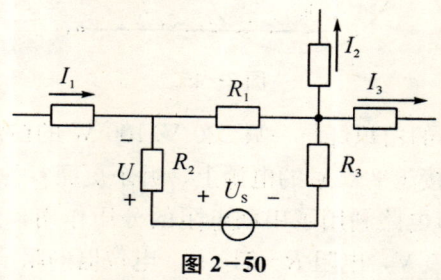

图 2-50

4. 试用网孔电流法计算图 2-51 所示电路中的各支路电流。

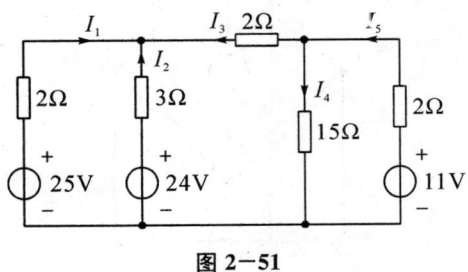

图 2-51

5. 在图 2-52 所示电路中，已知 $U_{S1}=130\text{ V}$，$U_{S2}=120\text{ V}$，$U_{S3}=20\text{ V}$，$R_1=R_2=2\text{ }\Omega$，$R_3=4\text{ }\Omega$，电压的极性和电流方向如图所示。当将开关 S 合在 a 点时，用节点电压法求电流 I_1、I_2 和 I_3；（2）当将开关 S 合在 b 点时，用叠加定理计算电流 I_1、I_2 和 I_3。

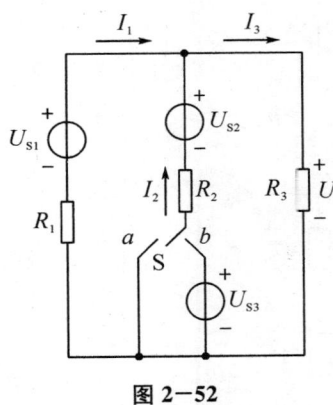

图 2-52

6. 如图 2-53 所示为一简单的数/模（D/A）转换电路。当开关接于 U_S 时，为高电位，记为 1；当开关接于参考地时，为低电位，记为 0。电路目前的状态表示二进制数"110"。试用叠加定理分析该数字量对应的模拟量电压 U_O。已知 $U_S=12\text{ V}$。

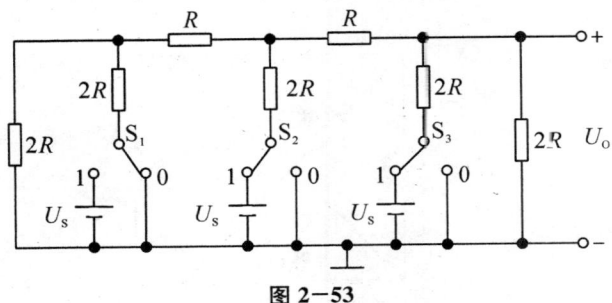

图 2-53

7. 如图 2-54 所示电路，试用叠加定理求电流 I_1。已知 $R_1=R_4=1\text{ }\Omega$，$R_2=R_3=3\text{ }\Omega$，$I_S=2\text{ A}$，$U_S=-10\text{ V}$。

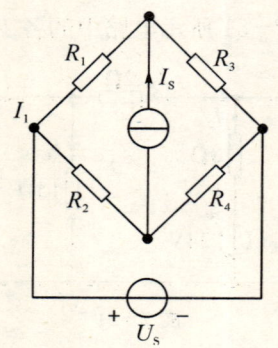

图 2-54

8. 试求图 2-55 所示电路的戴维南等效电源。

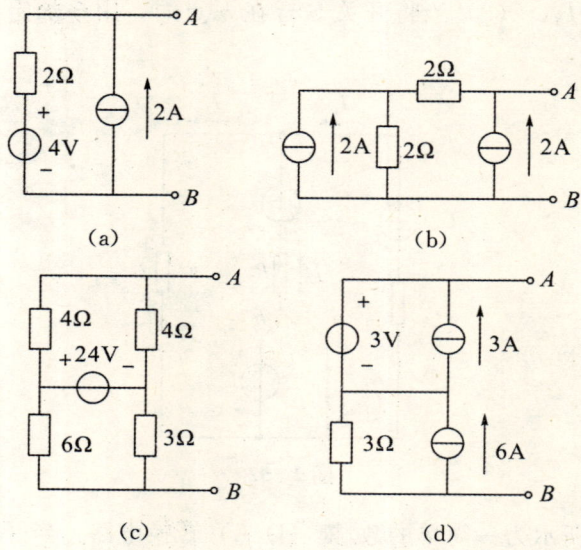

图 2-55

9. 如图 2-56 所示电路，R_L 为多大时可获得最大功率？此时最大功率为多少？

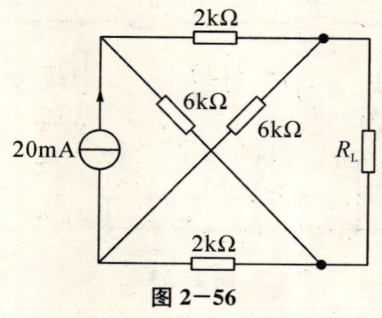

图 2-56

参考答案

第 3 章　单相正弦交流电路

本章课件

知识导图

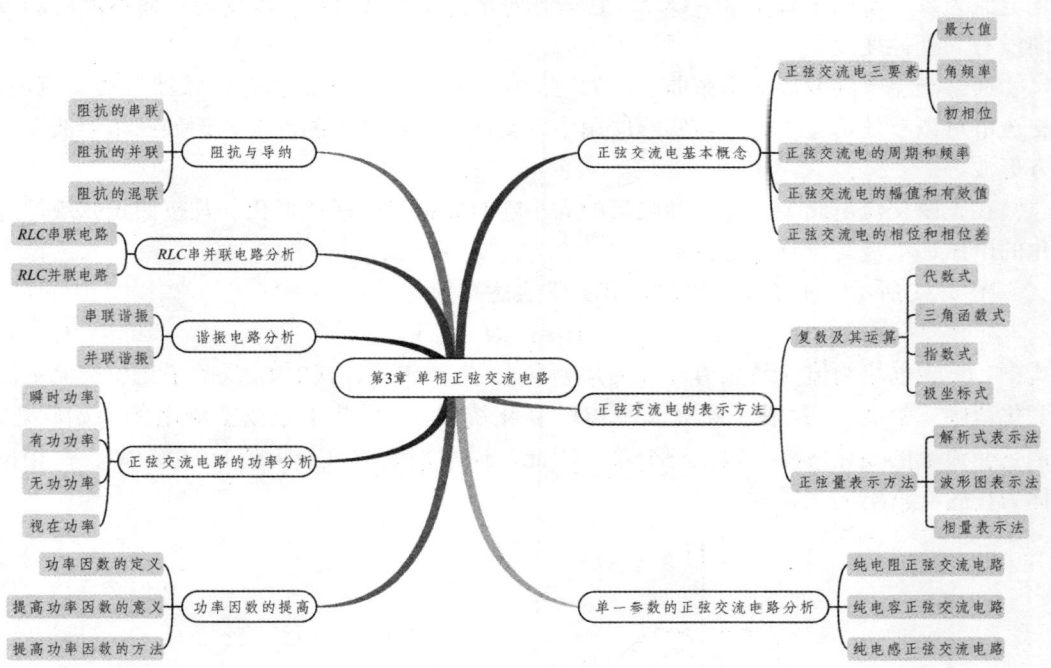

学习目标

- 掌握正弦交流电的基本概念、三要素及表示方法。
- 掌握电阻元件、电感元件、电容元件的电压与电流的关系。
- 掌握 RLC 串联电路的基本计算方法。
- 学会复阻抗的串并联分析和计算。
- 学会计算正弦交流电路的有功功率、无功功率和视在功率。
- 理解感性负载提高功率因数的方法和意义。

理论知识

正弦交流电在生活中和工业中有广泛的应用。比起直流电,它在生产、输送和应用上有不少优点,而且正弦交流电变化平滑且不易产生高次谐波,这有利于保护电气设备的绝缘性能和减少电气设备运行中的能量损耗。另外,各种非正弦交流电都可由不同频率的正弦交流电叠加而成(用傅里叶分析法),因此可用正弦交流电的分析方法来分析非正弦交流电。

3.1 正弦交流电的基本概念

交流电(AC)是指大小和方向随时间做周期性变化的电流,其在一个周期内的平均电流为零。不同于直流电(DC),它的方向是会随着时间发生改变的,而直流电的方向没有周期性变化。

通常交流电的波形为正弦曲线,如生活中使用的市电就是具有正弦波形的交流电。交流电可以有效传输电力。在实际应用中,交流电还有其他的波形,例如三角形波、正方形波等。

在正弦交流电路中,电压和电流的大小随时间按正弦规律变化。凡按照正弦规律变化的电压、电流等统称为正弦量。

图 3-1 所示是正弦交流电流,其数学表达式为

$$i = I_\mathrm{m}\sin(\omega t + \varphi) \qquad (3-1)$$

式中,I_m 为电流幅值(最大值);ω 为角频率;φ 为初相位。其中 I_m 反映了正弦交流电的变化范围或幅度,ω 反映了正弦交流电的变化快慢,φ 反映了正弦交流电的初始状态。正弦交流电的变化取决于以上三个量,因此,通常把幅值(最大值)、角频率、初相位称为正弦交流电的三要素。

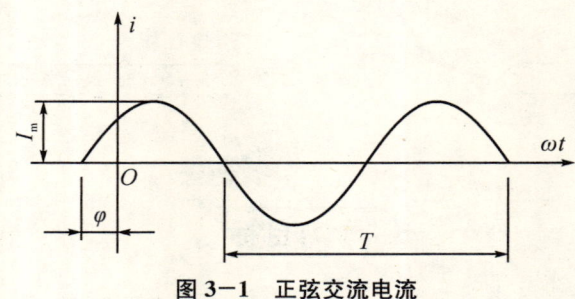

图 3-1 正弦交流电流

3.1.1 周期、频率、角频率

正弦交流电变化一次所需要的时间称为周期,用字母 T 表示,其单位是秒(s)。由于正弦信号随时间周期性重复变化,因此,我们只需要分析一个周期内正弦信号的电压、电流及功率大小,就可以知道其整体情况。

频率是单位时间内完成周期性变化的次数,是描述周期性运动频繁程度的量,常用

字母 f 表示，单位为秒分之一，符号为 s^{-1}。为了纪念德国物理学家赫兹的贡献，人们把频率的单位命名为"赫兹"，简称"赫"，符号为 Hz。每个物体都有由它本身性质决定的与振幅无关的频率，叫作固有频率。频率这一概念不仅在力学、声学中应用，在电磁学、光学中也常使用。

交流电的频率是指它在单位时间内周期性变化的次数，单位是赫兹（Hz），与周期成倒数关系。日常生活中的交流电的频率一般为 50 Hz 或 60 Hz，我国采用 50 Hz 作为电力标准频率，又称工频。无线电技术中涉及的交流电频率一般较高，达到千赫兹（kHz）甚至兆赫兹（MHz）的量级。频率和周期互为倒数，即

$$f = \frac{1}{T} \tag{3-2}$$

角频率 ω 也是反映正弦量变化快慢的一种物理量，其大小等于单位时间内正弦量相位角的变化值，单位是弧度/秒（rad/s）。

$$\omega = \frac{2\pi}{T} = 2\pi f \tag{3-3}$$

从式（3-3）中可以看出，角频率与频率之间是 2π 的倍数关系，只要知道其中的一个就可以求出另一个。

3.1.2 瞬时值、幅值、有效值

正弦交流电在某一时刻的大小称为正弦交流电的瞬时值，一般用小写字母表示。比如正弦交流电压和电流的瞬时值可表示为：$u = U_m \sin(\omega t + \varphi_u)$ 和 $i = I_m \sin(\omega t + \varphi_i)$。

交流电的幅值是指交变电流或电压在一个周期内所能达到的最大值，它可以用来表示交变电流的强弱或交变电压的高低。一般用 I_m、U_m 来表示交变电流、电压的最大值。

既然交流信号随时间变化而变化，那么我们如何衡量其大小和做功能力呢？为此，我们引入了有效值的概念。交流电的有效值是根据它的热效应来确定的。在图 3-2 中有两个相同的电阻 R，在一个周期内，通过电阻 R 的电流分别为一个直流电流 I 和一个交流电流 i，如果两个电阻产生的热量相等，则这个直流电流 I 的数值就称为这个交流电流 i 的有效值。即

$$W_{交} = \int_0^T Ri^2 dt, \quad W_{直} = RI^2 T \tag{3-4}$$

令消耗的电能相等，$W_{直} = W_{交}$，则

$$RI^2 T = \int_0^T Ri^2 dt \tag{3-5}$$

$$I = \sqrt{\frac{1}{T} \int_0^T i^2 dt} \tag{3-6}$$

式中，I 称为交流电流 i 的有效值，又称均方根值。

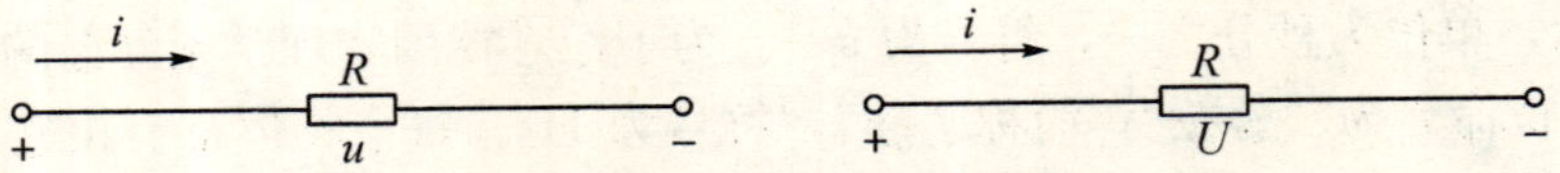

图 3-2　正弦电流的有效值

当交流电流为正弦量时，$i = I_m\sin\omega t$（令 $\varphi_i = 0$），有

$$I = \sqrt{\frac{1}{T}\int_0^T i^2 \mathrm{d}t} = \sqrt{\frac{1}{T}\int_0^T I_m^2 \sin^2(\omega t)\mathrm{d}t} = \sqrt{\frac{I_m^2}{T}\int_0^T \frac{1-\cos^2(\omega t)}{2}\mathrm{d}t} = \frac{I_m}{\sqrt{2}}$$

(3-7)

$$I_m = \sqrt{2}\,I$$

同理可得：
$$U_m = \sqrt{2}\,U \tag{3-8}$$

因此，正弦量最大值（振幅）是有效值的 $\sqrt{2}$ 倍。

3.1.3　相位、初相位、相位差

正弦交流电流一般表示为

$$i = I_m\sin(\omega t + \varphi_i) \tag{3-9}$$

式中，$(\omega t + \varphi_i)$ 称为相位，反映了正弦量随时间变化的进程。当 $t=0$ 时，φ_i 称为初相位。

假定两个同频率的正弦量 u、i 为

$$u = U_m\sin(\omega t + \varphi_u) \tag{3-10}$$
$$i = I_m\sin(\omega t + \varphi_i) \tag{3-11}$$

它们的相位差为 φ，则

$$\varphi = (\omega t + \varphi_u) - (\omega t + \varphi_i) = \varphi_u - \varphi_i \tag{3-12}$$

此式表明，相位差与计时起点无关，是一个定数。相位差只存在于同频率正弦量之间，不同频率的正弦量计算相位差没有意义。图 3-3 所示是同频率正弦量相位差的几种情况。

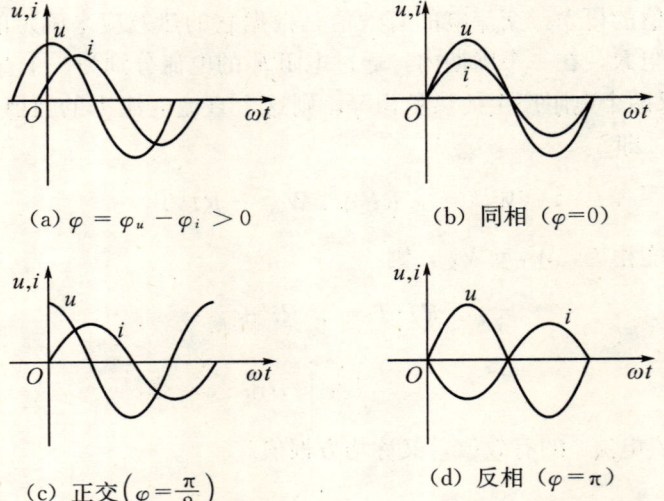

(a) $\varphi = \varphi_u - \varphi_i > 0$　　(b) 同相 ($\varphi = 0$)

(c) 正交 ($\varphi = \frac{\pi}{2}$)　　(d) 反相 ($\varphi = \pi$)

图 3-3　正弦量的相位差

当 $\varphi>0$ 时，反映出电压 u 的相位超前电流 i 的相位一个角度 φ，简称电压 u 超前电流 i 或电流 i 滞后电压 u。在波形上，电压 u 比电流 i 先达到最大值，如图 3-3(a) 所示。

当 $\varphi=0$ 时，电压 u 和电流 i 同相位，如图 3-3(b) 所示。

当 $\varphi=\dfrac{\pi}{2}$ 时，称为正交，如图 3-3(c) 所示。

当 $\varphi=\pi$ 时，称为反相，见图 3-3(d) 所示。

通常 φ 的范围为 $(-\pi,+\pi)$。

例 3-1 已知正弦电压和正弦电流的波形如图 3-4 所示，频率为 50 Hz，试指出它们的最大值、初相位以及二者之间的相位差，并说明哪个正弦量超前，以及超前多少角度、多少时间。

解：电压最大值为 310 V，初相位为 45°；电流最大值为 2 A，初相位为 -90°，相位差为 135°，电压超前于电流 135°。

超前时间 $t=T\times 135°/360°=1/f\times 135°/360°=0.02\times 135°/360°=7.5$（ms）

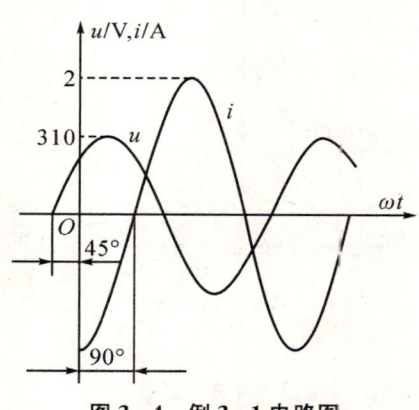

图 3-4 例 3-1 电路图

3.2 正弦交流电的表示方法

正弦交流电是随时间按照正弦函数规律变化的电压和电流。由于交流电的大小和方向都是随时间不断变化的，也就是说，每一瞬间电压（电动势）和电流的大小和方向都不相同，所以在分析和计算交流电路时非常烦琐。为了简化交流电路计算，常用相量表示正弦交流电。相量即用复数表示的正弦量。为此，我们需要先熟悉复数的基本概念和基本运算。

3.2.1 复数及其运算

1. 复数的表示

一个复数可以用以下几种形式来表示：

(1) 代数式或直角坐标式：
$$A = a + \mathrm{j}b \tag{3-13}$$

式中，a 为复数的实部，b 为复数的虚部，j 为虚数单位，$\mathrm{j}^2 = -1$。

用来表示复数的直角坐标平面称为复平面，其中横轴的单位为"1"，称为实轴；纵轴的单位为"j"，称为虚轴，如图 3-5 所示。

复数在复平面上还可以用向量表示，如图 3-6 所示。向量的长度 r 称为复数 A 的模，用 $|A|$ 表示。向量与实轴的夹角，称为复数的辐角，用 φ 表示。A 在实轴上的投影为 a，在虚轴上的投影为 b。

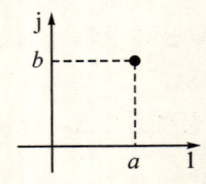
图 3-5 复平面上的点

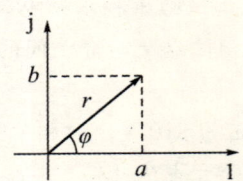
图 3-6 复平面上的向量

(2) 三角函数式：
$$A = |A|(\cos\varphi + \mathrm{j}\sin\varphi) \tag{3-14}$$

式中，$|A| = \sqrt{a^2 + b^2}$，$\varphi = \arctan\dfrac{b}{a}$。

(3) 指数式：

根据欧拉公式，$\cos\varphi = \dfrac{\mathrm{e}^{\mathrm{j}\varphi} + \mathrm{e}^{-\mathrm{j}\varphi}}{2}$，$\sin\varphi = \dfrac{\mathrm{e}^{\mathrm{j}\varphi} - \mathrm{e}^{-\mathrm{j}\varphi}}{2\mathrm{j}}$，从而可得：
$$A = |A|\mathrm{e}^{\mathrm{j}\varphi} \tag{3-15}$$

(4) 极坐标式：
$$A = |A| \angle \varphi \tag{3-16}$$

2. 复数的运算

(1) 复数的加减运算：

复数的加减运算一般用复数的代数式进行，运算时实部和实部相加减，虚部和虚部相加减。

例如，复数 $A = a_1 + \mathrm{j}b_1$ 与 $B = a_2 + \mathrm{j}b_2$，求和时有
$$A + B = (a_1 + a_2) + \mathrm{j}(b_1 + b_2)$$

求差时有
$$A - B = (a_1 - a_2) + \mathrm{j}(b_1 - b_2)$$

复数的加减运算也可以在复平面上用平行四边形法则作图完成。

(2) 复数的乘除运算：

在一般情况下，复数的乘除运算用指数式或极坐标式进行。两复数相乘，模相乘，辐角相加；两复数相除，模相除，辐角相减。

设有相量 $\dot{U}_1 = |U_1|\mathrm{e}^{\mathrm{j}\varphi_1}$，$\dot{U}_2 = |U_2|\mathrm{e}^{\mathrm{j}\varphi_2}$

则
$$\dot{U}_1 \cdot \dot{U}_2 = |U_1| \angle \varphi_1 \cdot |U_2| \angle \varphi_2 = |U_1| \cdot |U_2| \angle (\varphi_1 + \varphi_2) \tag{3-17}$$

$$\frac{\dot{U}_1}{\dot{U}_2} \cdot = \frac{|U_1|\angle\varphi_1}{|U_2|\angle\varphi_2} = \frac{|U_1|}{|U_2|} \cdot \angle(\varphi_1 - \varphi_2) \tag{3-18}$$

相量相乘除的几何意义如图 3-7 所示。

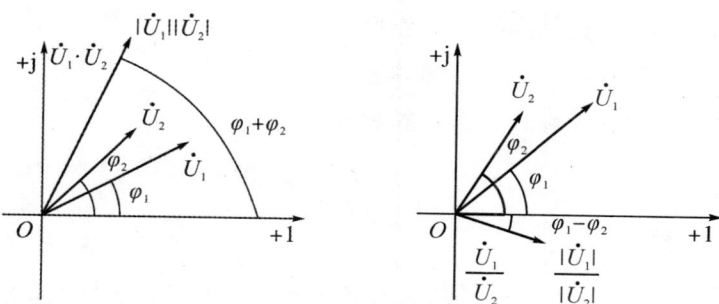

图 3-7 相量的乘除运算

把模等于 1 的相量如 $e^{j\varphi}$、$e^{j\frac{\pi}{2}}$、$e^{j\pi}$ 等称为旋转因子，则任意相量 $\dot{U}$ 乘以 j ($e^{j\frac{\pi}{2}} = j$) 就相当于把该相量在复平面上逆时针旋转 $\frac{\pi}{2}$（见图 3-8），表示为 $j\dot{U}$，故把 j 称为逆时针旋转 90°的旋转因子。

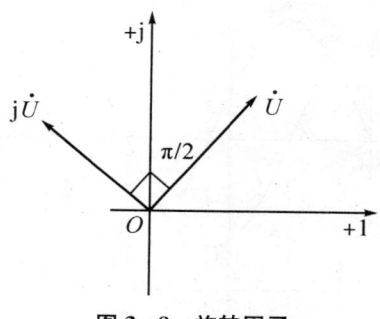

图 3-8 旋转因子

3.2.2 正弦量的表示

1. 解析法

大小与方向均随时间按正弦规律做周期性变化的电流、电压、电动势叫作正弦交流电流、电压、电动势，其在某一时刻 t 的瞬时值可用三角函数式（解析式）来表示，即

$$i(t) = I_m\sin(\omega t + \varphi_i),\ u(t) = U_m\sin(\omega t + \varphi_u),\ e(t) = E_m\sin(\omega t + \varphi_e) \tag{3-19}$$

式中，I_m、U_m、E_m 分别叫作交流电流、电压、电动势的振幅（也叫作峰值或最大值），电流的单位为安培（A），电压和电动势的单位为伏特（V）；ω 叫作交流电的角频率，单位为弧度/秒（rad/s），它表示正弦交流电每秒内变化的电角度；φ_i、φ_u、φ_e 分别叫作电流、电压、电动势的初相位或初相，单位为弧度（rad）或度（°）。

例 3-2 某正弦交流电流的频率为 20 Hz，有效值为 $5\sqrt{2}$ A，在 $t=0$ 时，电流的瞬时值为 5 A，且此时刻电流在增加，求该电流的瞬时值表达式。

解：正弦交流电流的瞬时值表达式一般为

$$i = I_m \sin(\omega t + \varphi_i) = \sqrt{2} I \sin(2\pi f t + \varphi_i)$$

由于在 $t=0$ 时，电流的瞬时值为 5 A，则有

$$5 = \sqrt{2} \times 5\sqrt{2} \sin(\varphi_i)$$

可得 $\varphi_i = 30°$，故该电流的瞬时值表达式为

$$i = \sqrt{2} I \sin(2\pi f t + \varphi_i) = 10 \sin(40\pi t + 30°) \text{(A)}$$

2. 正弦曲线法

根据解析式把正弦量随时间的变化规律在直角坐标系中描绘出来的方法叫作正弦曲线法，纵坐标表示正弦量的瞬时值，横坐标表示电角度 ωt。在正弦曲线波形图中，也能获得正弦交流电的三要素，即瞬时值的最大值就是幅值；曲线完成一次循环的时间为一个周期 T，由周期就可得出角频率 $\omega = 2\pi/T$；正半波的起点与原点 O 的相位差就是初相位，如图 3-9 所示。

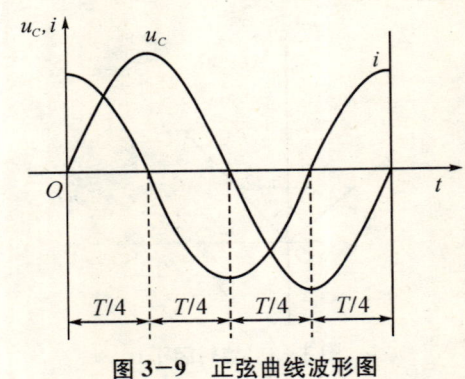

图 3-9 正弦曲线波形图

3. 相量法

旋转相量是复平面上以角速度 ω 绕原点逆时针旋转的有向线段。它可以表示任意时刻正弦量的三要素：正弦量的最大值即旋转相量的长度；正弦量的初相位即旋转相量与横轴正向的夹角；正弦量的角频率即旋转相量随时间 t 逆时针旋转的角速度。则在任一瞬间，旋转相量在纵轴上的投影就等于该正弦量的瞬时值，如图 3-10 所示。

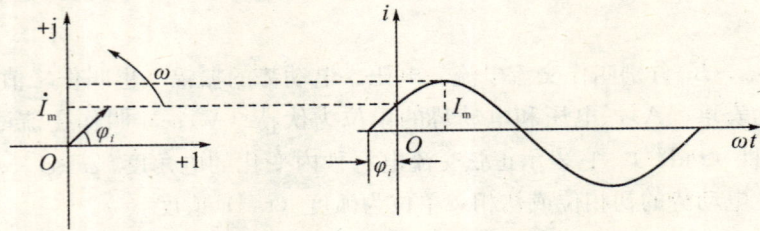

图 3-10 正弦波与旋转相量的关系

旋转相量逆时针旋转的角速度,正好对应正弦量的角频率 ω;旋转相量的模正好对应正弦量的幅值;旋转相量任意时刻在虚轴上的投影正好是正弦量的瞬时值;旋转相量的辐角正好是正弦量的初相位。所以,任意一个正弦量总可以用一个旋转相量与其对应,相量的模对应正弦量的幅值(或有效值),相量的辐角对应正弦量的初相位。在相量图中一般只画它的起始位置,但应理解它是以角频率 ω 逆时针连续旋转的,它的位置与时间有关,在经过时间 t 后才转到虚线位置,所以说它是时间相量。

在同一电路中,各个正弦量都以同一频率旋转,它们之间的相对位置(即相位差)保持不变。因此,只要用旋转相量的初始位置来表示正弦量就可以了,我们把这种表示正弦量的方法称为相量法。将正弦量用相量表示所作的图为相量图。如果表示相量的线段的长度等于正弦量的有效值,就称为正弦量的有效值相量,但该相量在纵轴上的投影就不是瞬时值了。

相量可以用大写字母上加一点表示,例如 $\dot{U}$、$\dot{I}$ 就表示电压有效值相量和电流有效值相量。$\dot{U}_m$、$\dot{I}_m$ 表示电压幅值相量和电流幅值相量。对于一个确定的正弦量,可以用它对应的幅值(或有效值)和初相构成的相量来表达,分别写成

$$\dot{I}_m = I_m \angle \varphi_i, \dot{U}_m = U_m \angle \varphi_u \text{ 或 } \dot{I} = I \angle \varphi_i, \dot{U} = U \angle \varphi_u$$

例 3-3 已知两个正弦电流分别为 $i_1 = 70.7\sin(314t - 30°)$ A,$i_2 = 60\sin(314t + 60°)$ A,求 $i = i_1 + i_2$ 的正弦表达式。

解:同频率正弦量相加(或相减)的和(或差)仍是一个频率相同的正弦量。

$$i = i_1 + i_2$$

设 $i = I_m \sin(314t + \theta)$ A,则有

$$I_m \sin(314t + \theta) = 70.7\sin(314t - 30°) + 60\sin(314t + 60°)$$

用相量来表示 i、i_1、i_2,有

$$\dot{I}_m = I_m \angle \theta, \dot{I}_{1m} = 70.7 \angle (-30°)(A), \dot{I}_{2m} = 60 \angle 60°(A)$$

把正弦量的运算转换成对应的相量代数运算,有

$$\dot{I}_m = \dot{I}_{1m} + \dot{I}_{2m}$$

也可表示为

$$\dot{I} = \dot{I}_1 + \dot{I}_2$$

$$\dot{I} = \frac{\dot{I}_m}{\sqrt{2}}$$

$$\dot{I}_1 = \frac{70.7}{\sqrt{2}} \angle (-30°) = (43.3 - j25) \text{ A}$$

$$\dot{I}_2 = \frac{60}{\sqrt{2}} \angle 60° = (21.2 + j36.8) \text{ A}$$

$$\dot{I} = \dot{I}_1 + \dot{I}_2 = [(43.3 - j25) + (21.2 + j36.8)] \text{ A}$$
$$= (64.5 + j11.8) \text{ A}$$
$$= 65.5 \angle 10.37° \text{ A}$$

根据 $\dot{I}$ 写出对应的正弦量

$$i = 65.5\sqrt{2}\sin(314t + 10.37°) \text{ A} = 92.6\sin(314t + 10.37°) \text{ A}$$

通过上面的例子,可知:

①只有对同频率的正弦量,才能应用对应的相量进行代数运算。

②在应用相量分析法时,先将正弦量变换为对应的相量,通过相量的代数运算求得所求正弦量对应的相量,再由该相量写出对应的正弦量的瞬时表达式。

③该方法可推广到多个同频率的正弦量运算,如基尔霍夫定律的相量表达形式:

$$\sum i = 0 \rightarrow \sum \dot{I} = 0, \sum u = 0 \rightarrow \sum \dot{U} = 0 \qquad (3-20)$$

3.3 单一参数的正弦交流电路

由单个元件构成的正弦交流电路,是最简单的交流电路。分析各种正弦交流电路,不外乎确定电路中电压与电流之间的关系(包括大小和相位),并讨论电路中能量的转换和功率问题。对于正弦交流电路,建立电路的相量模型后就可以应用欧姆定律对电路中的电阻、电容、电感元件进行分析。在分析各种交流电路时,我们必须首先掌握单一参数(电阻、电感、电容)元件中电压与电流之间的关系,因为其他电路无非是单一参数元件的组合而已。

3.3.1 电阻元件的交流电路

1. 电压与电流关系

图3-11(a)是一个线性电阻元件的交流电路图,电压和电流的参考方向如图中所示。两者的关系由欧姆定律确定,即

$$u = Ri \qquad (3-21)$$

设 $i = I_m \sin(\omega t + \varphi_0)$ 为参考正弦量,则

$$u = Ri = RI_m \sin(\omega t + \varphi_0) = U_m(\omega t + \varphi_0) \qquad (3-22)$$

即 u 也是一个同频率的正弦量。

比较式(3-21)、(3-22)即可看出,在电阻元件的交流电路中,电流和电压是同相的。电压和电流的正弦波形如图3-10(b)所示。

在式(3-22)中

$$U_m = RI_m, \frac{U}{I} = \frac{U_m}{I_m} = R \qquad (3-23)$$

由此可知,在电阻元件的交流电路中,电压的幅值(或有效值)与电流的幅值(或有效值)之比值,就是电阻 R。

在实际分析中,一般用相量表示电压与电流的关系,即

$$\dot{U} = U \angle \varphi_0, \dot{I} = I \angle \varphi_0$$

$$\frac{\dot{U}}{\dot{I}} = \frac{U}{I} = R \text{ 或 } \dot{U} = R\dot{I} \qquad (3-24)$$

此即欧姆定律的相量形式。电压和电流的相量图如图3-11(c)所示。

根据以上分析,可得出如下结论:

(1)纯电阻元件的交流电路中,电压和电流是同频率、同相位的正弦量。

(2) 纯电阻元件的交流电路中，瞬时值、最大值、有效值和相量均符合欧姆定律。

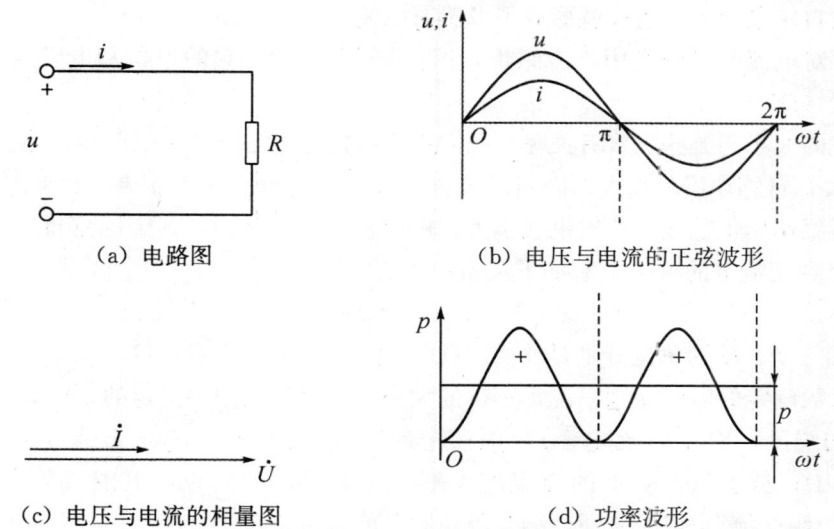

图 3-11 电阻元件的交流电路

2. 功率分析

知道了电压与电流的变化规律和相互关系后，便可计算出电路中的功率。在任意瞬间，电压瞬时值 u 与电流瞬时值 i 的乘积，称为瞬时功率，用小写字母 p 表示，即

$$p = ui = U_m \sin\omega t I_m \sin\omega t = \frac{U_m I_m}{2}(1-\cos 2\omega t)$$
$$= UI(1-\cos 2\omega t) \tag{3-25}$$

由式（3-25）可见，p 是由两部分组成的，第一部分是常数 UI，第二部分是幅值为 UI 并以 2ω 的角频率随时间而变化的交变量 $UI\cos 2\omega t$，p 随时间变化的波形如图 3-11 (d) 所示。

由于在电阻元件的交流电路中 u 与 i 同相，它们同时为正，同时为负，所以瞬时功率总是正值。瞬时功率为正，说明电阻元件总是在吸收功率，它将电能转换为热能，是一个耗能元件。

由于瞬时功率时刻在变化，不便于分析和计算，所以通常使用平均功率，又称有功功率来计算电路的功率。

平均功率是一个周期内电路消耗电能的平均值，用大写字母 P 来表示。

$$P = \frac{1}{T}\int_0^T p\,dt = \frac{1}{T}\int_0^T UI(1-\cos 2\omega t)dt = UI = RI^2 = \frac{U^2}{R} \tag{3-26}$$

一般电器上所标示的功率都是有功功率。

3.3.2 电感元件的交流电路

1. 感抗

电感元件接通直流电源时，对电流起阻碍作用的只是线圈的电阻；而接通交流电源时，除了线圈的电阻外，由于通过电感线圈的是交变电流，电感线圈中必然产生阻碍电流变化的自感电动势，这样就形成了电感对电流的阻碍作用。

电感对电流的阻碍作用称为感抗，用符号 X_L 表示，它的单位和电阻的单位一样，也是欧姆（Ω）。

感抗的大小与哪些因素有关呢？我们知道感抗是由自感现象引起的，线圈的自感系数 L 越大，自感作用就越大，因而感抗也越大；交流电的频率 f 越高，电流的变化率越大，自感作用也越大，感抗也就越大。进一步的研究得出，线圈的感抗 X_L 跟它的自感系数 L 和交流电的频率 f 有如下关系：

$$X_L = \omega L = 2\pi f L \tag{3-27}$$

式中，X_L、f、L 的单位分别是欧姆（Ω）、赫兹（Hz）、亨利（H）。

对参数确定的电感线圈来说，感抗的大小是由电流的频率决定的。例如，自感系数为 1 H 的线圈，对于直流电，$f=0$、$X_L=0$，相当于短路；对于 50 Hz 的交流电，$X_L=314\ \Omega$；对于 500 kHz 的交流电，$X_L=3.14\ \text{M}\Omega$。所以，电感线圈在电路中有"通直流、阻交流"，以及"通低频、阻高频"的基本特性。

2. 电感元件的伏安关系

在纯电感正弦交流电路中，假定线圈只具有电感 L，而导线电阻 R 极小，可以忽略不计。当电感线圈中通过交流电 i 时，线圈将产生自感电动势 e_L。电动势 e_L 和电压 u 的参考方向如图 3-12(a) 所示。

设电流为参考正弦量，即 $i = I_\text{m} \sin\omega t$，则

$$u = L\frac{\mathrm{d}i}{\mathrm{d}t} = L\frac{\mathrm{d}(I_\text{m}\sin\omega t)}{\mathrm{d}t} = \omega L I_\text{m} \sin(\omega t + 90°) = U_\text{m}\sin(\omega t + 90°) \tag{3-28}$$

因此，电感两端电压也是一个同频率的正弦量。

但是，在电感元件的交流电路中，电流比电压在相位上滞后 90°（相位差 $\varphi = +90°$），如图 3-12(b) 所示。

在式（3-28）中

$$U_\text{m} = \omega L I_\text{m},\ \frac{U}{I} = \frac{U_\text{m}}{I_\text{m}} = \omega L \tag{3-29}$$

由此可知，在电感元件的交流电路中，电压的幅值（或有效值）与电流的幅值（或有效值）的比值为 ωL。显然，它的单位为欧姆（Ω）。当电压 U 一定时，ωL 越大，则电流 I 越小。可见它具有对交流电流起阻碍作用的物理性质，所以称为感抗。

在实际分析中，一般用相量表示电压与电流的关系，即

$$\dot{U} = U\angle 90°,\ \dot{I} = I\angle 0°$$

$$\frac{\dot{U}}{\dot{I}} = \frac{U}{I}\angle 90° = \mathrm{j}X_L \text{ 或 } \dot{U} = \mathrm{j}X_L\dot{I} = \mathrm{j}\omega L\dot{I} \tag{3-30}$$

式（3-30）表示电压的有效值等于电流的有效值与感抗的乘积，在相位上电压比电流超前 90°。电压和电流的相量图如图 3-12(c) 所示。

根据以上分析，可得出如下结论：

(1) 电感元件的交流电路中，电压和电流是同频率的正弦量。
(2) 电感元件的交流电路中，电压超前电流 90°。
(3) 电感元件的交流电路中，最大值、有效值和相量均符合欧姆定律，但瞬时值不符合。

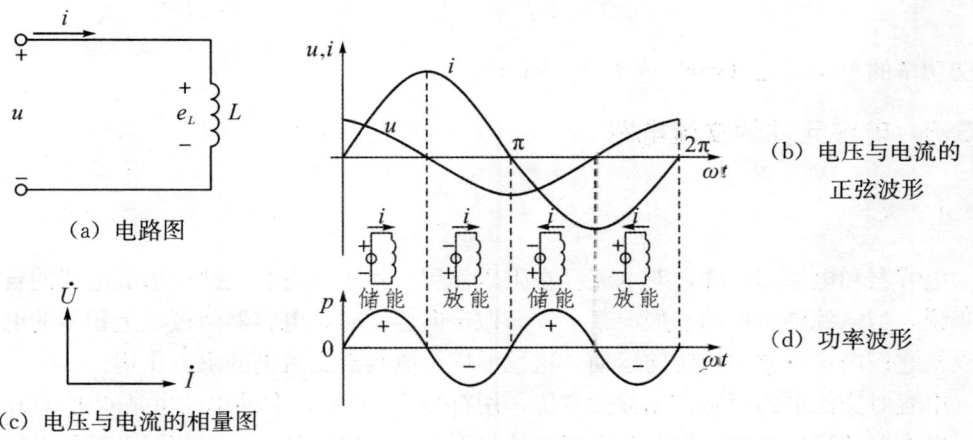

图 3—12 电感元件的交流电路

例 3—4 把一个电感量为 0.35 H 的线圈接到 $u = 220\sqrt{2}\sin(100\pi t + 60°)$ V 的电源上，求线圈中电流瞬时值表达式。

解： $\dot{U} = 220\angle 60°$ V

$$X_L = \omega L = 100 \times 3.14 \times 0.35 \approx 110(\Omega)$$

$$\dot{I}_L = \frac{\dot{U}_L}{jX_L} = \frac{220\angle 60°}{1\angle 90° \times 110} = 2\angle(-30°)(A)$$

$$i = 2\sqrt{2}\sin\left(100\omega t - \frac{\pi}{6}\right)(A)$$

3. 功率分析

知道了电压 u 和电流 i 的变化规律和相互关系后，便可找出电感元件的交流电路中瞬时功率的变化规律，即

$$p = p_L = ui = U_m I_m \sin\omega t \sin(\omega t + 90°) = U_m I_m \sin\omega t \cos\omega t$$
$$= \frac{U_m I_m}{2}\sin 2\omega t = UI\sin 2\omega t \tag{3-31}$$

由上式可见，电感元件的瞬时功率 p 是一个幅值为 UI 并以 2ω 的角频率随时间而变化的正弦量，其波形如图 3—12(d) 所示。

电感元件在电路中的平均功率

$$P = \frac{1}{T}\int_0^T p\,dt = \frac{1}{T}\int_0^T UI\sin 2\omega t\,dt = 0 \tag{3-32}$$

从图 3—12(d) 所示的功率波形也容易看出，电感元件在一个周期内，一半时间做正功，从电源吸收能量建立磁场，一半时间做负功，将存储的磁能释放出来，其平均值

为零。这说明电感元件是非耗能元件。

从上述可知,在电感元件的交流电路中,没有能量消耗,只有电源与电感元件间的能量互换。这种能量互换的规模,我们用无功功率 Q 衡量。我们规定无功功率等于瞬时功率 p 的幅值,即

$$Q = UI = I^2 X_L = \frac{U_L^2}{X_L} \tag{3-33}$$

无功功率的单位是乏(var)或千乏(kvar)。

3.3.3 电容元件的交流电路

1. 容抗

电容器和电感器一样,对电流存在阻碍作用。对于在电容电路中形成电流的自由电荷来说,当电源电压推动它们向某一方向做定向运动时,电容器两极板上积累的电荷都会反抗它们向这个方向的定向运动,这就形成了电容对交流电的阻碍作用。

电容对交流电的阻碍作用称为容抗,用符号 X_C 表示,它的单位也是欧姆(Ω)。

电容器的容抗与它的电容和交流电的频率有关。电容越大,在相同电压下电容器容纳的电荷越多,因此充电电流和放电电流就越大,容抗就越小。交流电的频率越高,充电和放电就进行得越快,因此充电电流和放电电流就越大,容抗就越小。进一步的研究表明,电容器的容抗与它的电容和交流电的频率有如下关系:

$$X_C = \frac{1}{\omega C} = \frac{1}{2\pi f C} \tag{3-34}$$

式中,X_C、f、C 的单位分别是 Ω(欧姆)、Hz(赫兹)、F(法拉)。

与感抗类似,容抗也与通过的电流的频率有关。容抗与频率成反比,频率越高,容抗越小。例如,$10\ \mu F$ 的电容器,对于直流电,$f=0$,X_C 为 ∞,相当于断路;对于 50Hz 的交流电,$X_C=318\ \Omega$;对于 500 kHz 的交流电,$X_C=0.0318\ \Omega$。所以,电容器在电路中有"通交流、阻直流,通高频、阻低频"的基本特性。

2. 电容元件的伏安关系

如图 3-13(a) 所示,当电压发生变化时,电容器极板上的电荷量也要随之发生变化,在电路中引起的电流为

$$i = \frac{\mathrm{d}q}{\mathrm{d}t} = C\frac{\mathrm{d}u}{\mathrm{d}t} \tag{3-35}$$

如果在电容器的两端加一正弦电压 $u = U_m \sin\omega t$,则

$$i = C\frac{\mathrm{d}(U_m \sin\omega t)}{\mathrm{d}t} = \omega C U_m \sin(\omega t + 90°) = I_m \sin(\omega t + 90°) \tag{3-36}$$

可见,经过电容元件的电流也是一个同频率的正弦量,其波形如图 3-13(b) 所示。

在电容元件的交流电路中,电流比电压在相位上超前 90°。一般规定:当电流比电压滞后时,其相位差为正;当电流比电压超前时,其相位差为负。这样的规定是为了便于说明电路是感性的还是容性的。

在式（3-35）中

$$I_m = \omega C U_m, \quad \frac{U}{I} = \frac{U_m}{I_m} = \frac{1}{\omega C} \tag{3-37}$$

由此可知，在电容元件的交流电路中，电压的幅值（或有效值）与电流的幅值（或有效值）的比值为 $1/\omega C$。当电压 U 一定时，$1/\omega C$ 越大，则电流 I 越小。可见电容具有对交流电流起阻碍作用的物理性质，这种阻碍作用称为容抗。

在实际分析中，一般用相量表示电压与电流的关系，即

$$\dot{U} = U\angle 0°, \quad \dot{I} = I\angle 90°$$

$$\frac{\dot{U}}{\dot{I}} = \frac{U}{I}\angle(-90°) = -jX_C \text{ 或 } \dot{U} = -jX_C\dot{I} = -j\frac{\dot{I}}{\omega C} = \frac{\dot{I}}{j\omega C} \tag{3-38}$$

式（3-37）表明电压的有效值等于电流的有效值与容抗的乘积，而在相位上电压比电流滞后 90°。电压和电流的相量图如图 3-13（c）所示。

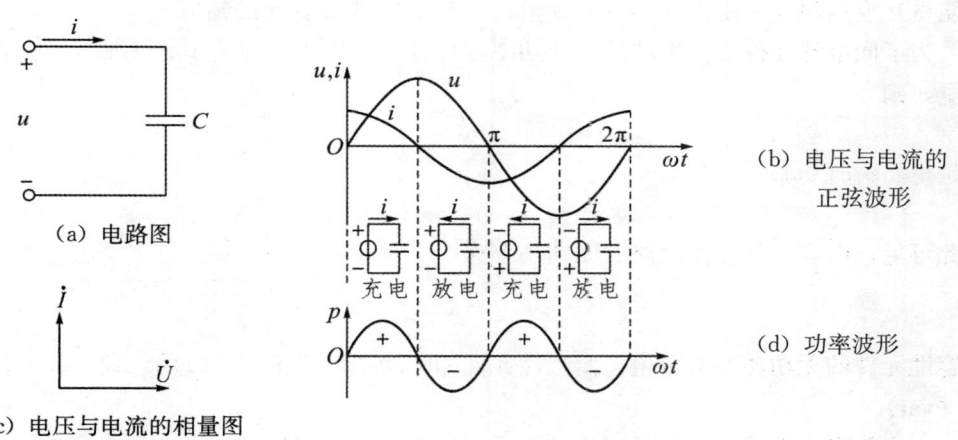

图 3-13 电容元件的交流电路

根据以上分析，可得出如下结论：
（1）电容元件的交流电路中，电压和电流是同频率的正弦量。
（2）电容元件的交流电路中，电压滞后电流 90°。
（3）电容元件的交流电路中，最大值、有效值和相量均符合欧姆定律，但瞬时值不符合。

例 3-5 把电容量为 40 μF 的电容器接到交流电源上，通过电容器的电流为 $i = 2.75\sqrt{2}\sin(314t + 30°)$ A，试求电容器两端的电压瞬时值表达式。

解： $\dot{I} = 2.75\angle 30°$ V

$$X_C = \frac{1}{\omega C} = \frac{1}{314 \times 40 \times 10^{-6}} \approx 80(\Omega)$$

$$\dot{U} = -jX_C\dot{I} = 1\angle(-90°) \times 80 \times 2.75\angle 30° = 220\angle(-60°)(V)$$

$$u = 220\sqrt{2}\sin(214t - 60°)(V)$$

3. 功率分析

知道了电压和电流的变化规律与相互关系后,便可找出电容元件的交流电路中瞬时功率的变化规律,即

$$p = p_C = ui = U_m I_m \sin\omega t \sin(\omega t + 90°)$$
$$= U_m I_m \sin\omega t \cos\omega t = \frac{U_m I_m}{2}\sin 2\omega t = UI\sin 2\omega t \tag{3-39}$$

由上式可见,电容元件的瞬时功率 p 是一个幅值为 UI 并以 2ω 的角频率随时间而变化的交变量,其波形如图 3-13(d)所示。

电容元件在电路中的平均功率为

$$P = \frac{1}{T}\int_0^T p\, dt = \frac{1}{T}\int_0^T UI\sin 2\omega t\, dt = 0 \tag{3-40}$$

这说明电容元件也是不消耗能量的,在电源与电容元件之间只发生能量的互换。这种能量互换的规模,用无功功率来衡量,它等于瞬时功率 p 的幅值。

为了同电感元件交流电路的无功功率相比较,我们也设电流 $i = I_m\sin\omega t$ 为参考正弦量,则

$$u = U_m\sin(\omega t - 90°)$$

于是得出瞬时功率

$$p = p_C = ui = -UI\sin 2\omega t$$

由此可见,电容元件交流电路的无功功率为

$$Q = -UI = -I^2 X_C = -\frac{U^2}{X_C} \tag{3-41}$$

即容性元件的无功功率取负值,而感性元件的无功功率取正值,以示区别,其单位均为乏(var)。

应当指出,电感元件和电容元件都是储能元件,它们与电源间进行能量互换是工作所需。这对电源来说,是一种负担,但对储能元件本身来说,没有消耗能量,故将往返于电源与储能元件之间的功率命名为无功功率,而将耗能元件的平均功率称为有功功率。

3.4 RLC 串并联电路

3.4.1 RLC 串联电路

前面讨论了由单个电阻、电感或电容元件组成的最简单的交流电路,下面将对电阻、电感、电容元件组成的串联电路进行讨论。因为在电路中涉及多个正弦量,为了便于比较各正弦量之间的关系,对串联电路一般选择电流为参考正弦量(设电流的初相为零)。

在图 3-14 所示电路中,假设电流为

$$i = \sqrt{2} I \sin\omega t$$

根据基尔霍夫电压定律有
$$u = u_R + u_L + u_C$$
代入元件的约束关系，则有
$$u = Ri + L\frac{\mathrm{d}i}{\mathrm{d}t} + \frac{1}{C}\int i\,\mathrm{d}t \tag{3-42}$$

为了避免求解微分方程，把图 3—14 所示的正弦量模型转换成图 3—15 所示的相量模型，就可以使用代数运算了。

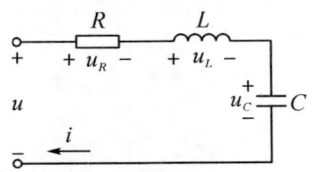
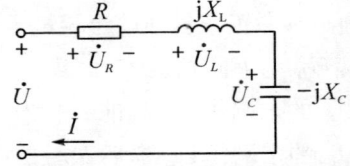

图 3—14 RLC 串联电路　　　　图 3—15 RLC 串联电路的相量形式

对图 3—15 应用基尔霍夫电压定律，得到
$$\dot{U} = \dot{U}_R + \dot{U}_L + \dot{U}_C$$
代入元件相量形式的约束关系：
$$\dot{U}_R = R\dot{I}_R,\ \dot{U}_L = \mathrm{j}X_L\dot{I}_L,\ \dot{U}_C = -\mathrm{j}X_C\dot{I}_C$$
在串联电路中，通过各个元件的正弦电流 $\dot{I}$ 相同，有
$$\dot{U} = R\dot{I} + \mathrm{j}X_L\dot{I} - \mathrm{j}X_C\dot{I} = [R + \mathrm{j}(X_L - X_C)]\dot{I} = Z\dot{I}$$
上式称为 RLC 串联电路相量形式的欧姆定律，式中的 Z 称为 RLC 串联电路的复阻抗，单位是 Ω。
$$Z = R + \mathrm{j}(X_L - X_C) = R + \mathrm{j}X \tag{3-43}$$
即复阻抗的实部是电阻 R，虚部是电抗 $X = X_L - X_C$。

复阻抗可用阻抗三角形来表示，如图 3—16 所示。图中
$$Z = |Z|\angle\varphi$$
$$|Z| = \sqrt{R^2 + (X_L - X_C)^2},\ \tan\varphi = \frac{X_L - X_C}{R}$$

因为 $Z = \dfrac{\dot{U}}{\dot{I}} = |Z|\angle\varphi$，可得到：

当 $X_L = X_C$ 时，$\varphi = 0$，$Z = R$，电路呈纯阻性；

当 $X_L > X_C$ 时，$\varphi > 0$，电路呈感性；

当 $X_L < X_C$ 时，$\varphi < 0$，电路呈容性；

阻抗角 φ 同时也是电压与电流的相位差，即 $\varphi = \varphi_u - \varphi_i$。

下面以 RLC 串联电路中 $\varphi > 0$ 为例，介绍用多边形法则画相量图，如图 3—17 所示。

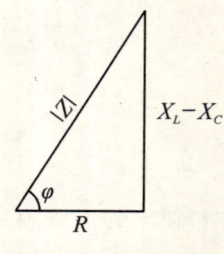
图 3-16 阻抗三角形

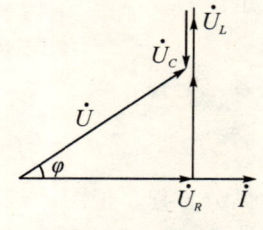
图 3-17 相量图

① 先画出参考正弦量即电流相量 $\dot{I}$ 的方向。
② 画出 $\dot{U}_R$ 与 $\dot{I}$ 同相。
③ 在 $\dot{U}_R$ 的末端作 $\dot{U}_L$ 超前 $\dot{I}$ $\pi/2$。
④ 在 $\dot{U}_L$ 的末端作 $\dot{U}_C$ 滞后 $\dot{I}$ $\pi/2$。
⑤ 从 $\dot{U}_R$ 始端到 $\dot{U}_C$ 末端作相量 $\dot{U}$，即为所求电压相量。$\dot{U} = \dot{U}_R + \dot{U}_L + \dot{U}_C$。

例 3-6 在 RLC 串联电路中，$R=30\ \Omega$，$X_L=40\ \Omega$，$X_C=80\ \Omega$，若电源电压 $u = 220\sqrt{2}\sin\omega t$ V，求电路中电流、电阻电压、电感电压和电容电压的相量。

解：$\dot{I} = \dfrac{\dot{U}}{Z} = \dfrac{\dot{U}}{R + \mathrm{j}(X_L - X_C)} = \dfrac{220\angle 0°}{30 + \mathrm{j}(40-80)} = \dfrac{220\angle 0°}{50\angle(-53°)} = 4.4\angle 53°\ (\mathrm{A})$

$\dot{U}_R = \dot{I}R = 30 \times 4.4\angle 53° = 142\angle 53°\ (\mathrm{V})$
$\dot{U}_L = \mathrm{j}X_L\dot{I} = 40\angle 90° \times 4.4\angle 53° = 176\angle 143°\ (\mathrm{V})$
$\dot{U}_C = -\mathrm{j}X_C\dot{I} = 80\angle(-90°) \times 4.4\angle 53° = 352\angle(-37°)\ (\mathrm{V})$

例 3-7 已知在图 3-18 所示电路中，第一只电压表读数为 15 V，第二只电压表读数为 80 V，第三只电压表读数为 100 V，求电路的端电压有效值（电压表的读数表示有效值）。

解：通过画相量图，用多边形法则求解。

设 $\dot{I}$ 为参考相量，如图 3-19 所示。由图可知：$\dot{U}_R$ 与 $\dot{I}$ 同相位（$\varphi = 0$），$\dot{U}_L$ 超前 $\dot{I}$ 90°，$\dot{U}_C$ 滞后 $\dot{I}$ 90°。

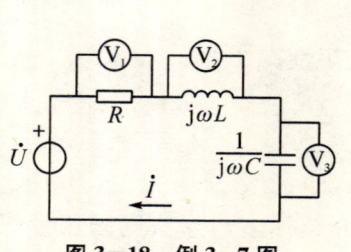
图 3-18 例 3-7 图

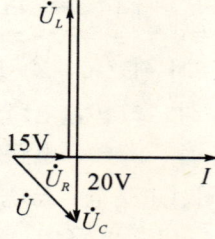
图 3-19 相量图

$$U = \sqrt{15^2 + 20^2} = 25\ (\mathrm{V})$$

电路呈容性，电流 $\dot{I}$ 超前电压 $\dot{U}$，端电压有效值等于 25 V。

注意：$U \neq U_R + U_L + U_C$，而应该是 $\dot{U} = \dot{U}_R + \dot{U}_L + \dot{U}_C$，即相量相加。

3.4.2 RLC 并联电路

在图 3-20 所示电路中,设电源电压

$$u = \sqrt{2}U\cos\omega t \tag{3-44}$$

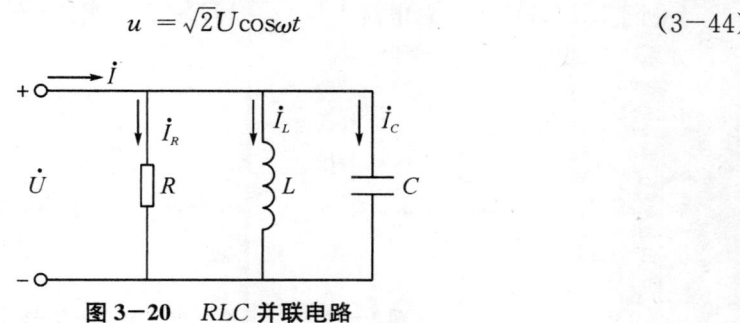

图 3-20　RLC 并联电路

根据基尔霍夫电流定律可知

$$i = i_R + i_C + i_L \tag{3-45}$$

写作相量形式为

$$\dot{I} = \dot{I}_R + \dot{I}_L + \dot{I}_C \tag{3-46}$$

由单一参数电路相关知识可知

$$\dot{I}_R = \frac{1}{R}\dot{U}, \quad \dot{I}_L = -j\frac{1}{\omega L} \cdot \dot{U}, \quad \dot{I}_C = j\omega C \cdot \dot{U}$$

代入式(3-46)可得

$$\dot{I} = \frac{1}{R}\dot{U} - j\frac{1}{\omega L} \cdot \dot{U} + j\omega C \cdot \dot{U} \tag{3-47}$$

所以,RLC 并联电路的复导纳为

$$Y = \frac{\dot{I}}{\dot{U}} = \frac{1}{R} - j\frac{1}{\omega L} + j\omega C = Y_R + j(Y_C - Y_L) \tag{3-48}$$

式中,$Y_R = \frac{1}{R}$ 称为电导,$Y_C = j\omega C$ 称为容纳,$Y_L = j\frac{1}{\omega L}$ 称为感纳,单位均为西门子(S)。

根据 RLC 并联电路电压、电流间的关系,作出与 u、i_R、i_L 和 i_C 相对应的旋转相量图,如图 3-21 所示。

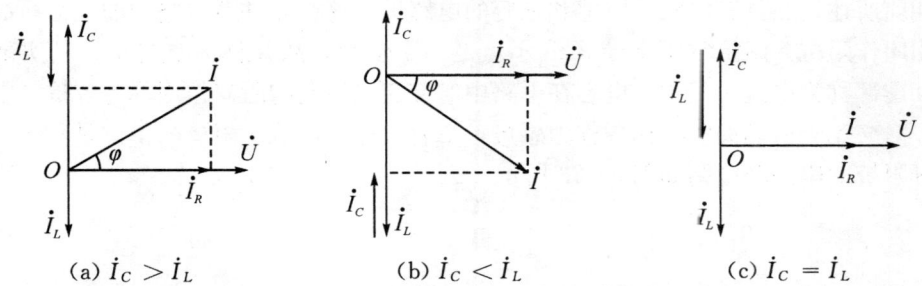

(a) $\dot{I}_C > \dot{I}_L$　　(b) $\dot{I}_C < \dot{I}_L$　　(c) $\dot{I}_C = \dot{I}_L$

图 3-21　RLC 并联电路电压、电流的旋转相量图

根据平行四边形法则,求解总电流的旋转相量 $\dot{I}$。

在图 3-21(a) 中，$\dot{I}_C > \dot{I}_L$，总电流超前电压 φ，电路呈容性；

在图 3-21(b) 中，$\dot{I}_C < \dot{I}_L$，总电流滞后电压 φ，电路呈感性；

在图 3-21(c) 中，$\dot{I}_C = \dot{I}_L$，总电流与总电压同相，电路呈纯阻性。

分析上图可以看出，总电流 $\dot{I}$ 与 $\dot{I}_R$、$|\dot{I}_L - \dot{I}_C|$ 组成一个直角三角形，即电流三角形，如图 3-22 所示。

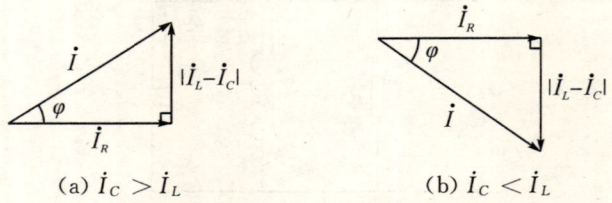

(a) $\dot{I}_C > \dot{I}_L$ (b) $\dot{I}_C < \dot{I}_L$

图 3-22　RLC 并联电路电流三角形

由电流三角形可知总电流与各支路电流间的数量关系为：

$$\dot{I} = \sqrt{\dot{I}_R^2 + (|\dot{I}_L - \dot{I}_C|)^2}$$

总电流与流过电阻 R 的电流间的夹角 φ，就是总电流与电压间的相位差，即 $\varphi = \arctan \dfrac{|\dot{I}_L - \dot{I}_C|}{\dot{I}_R}$

例 3-8　设图 3-20 所示电路中，$Y_R = 0.125$ S，$Y_L = 0.318$ S，$Y_C = 0.044\,5$ S，电流 $\dot{I} = 12 \angle (-65.44°)$ A。求：①电路的复导纳；②各支路电流。

解：① $Y = Y_R + j(Y_C - Y_L) = 0.125 + j(0.044\,5 - 0.318)$

$\qquad = 0.125 + j0.273\,5$

$\qquad = 0.3 \angle (-65.44°)\,(S)$

② $\dot{U} = \dfrac{\dot{I}}{Y} = \dfrac{12 \angle (-65.44°)}{0.3 \angle (-65.44°)} = 40 \angle 0°\,(V)$

$\dot{I}_R = Y_R \cdot \dot{U} = 0.125 \cdot 40 \angle 0° = 5 \angle 0°\,(A)$

$\dot{I}_C = jY_C \cdot \dot{U} = j0.044\,5 \cdot 40 \angle 0° = 1.78 \angle 90°\,(A)$

$\dot{I}_L = -jY_L \cdot \dot{U} = -j0.318 \cdot 40 \angle 0° = 12.72 \angle (-90°)\,(A)$

3.4.3　复阻抗的串并联

如前所述，在具有电阻、电感和电容的电路里，这些元件对电路中的电流所起的阻碍作用叫作阻抗。阻抗常用字母 Z 表示，是一个复数，故又称为复阻抗，其实部称为电阻，虚部称为电抗。其中，电容在电路中对交流电所起的阻碍作用称为容抗，电感在电路中对交流电所起的阻碍作用称为感抗，二者合称为电抗。阻抗的单位是欧姆（Ω）。

复阻抗的串并联电路如图 3-23 所示。

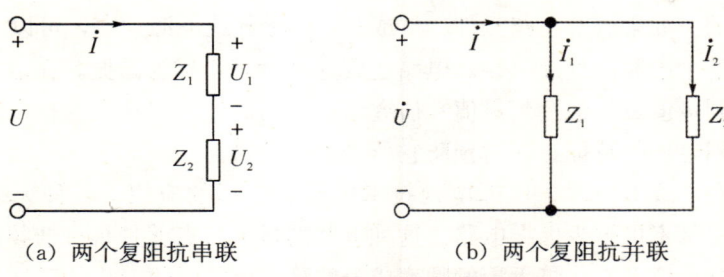

(a) 两个复阻抗串联　　　　　(b) 两个复阻抗并联

图 3-23　复阻抗的串并联电路

1. 复阻抗的串联

图 3-23(a) 所示是两个复阻抗串联的电路，根据 KVL，总电压为

$$\dot{U} = \dot{U}_1 + \dot{U}_2 = Z_1\dot{I} + Z_2\dot{I} = (Z_1 + Z_2)\dot{I} = Z\dot{I} \tag{3-49}$$

由此得电路的等效复阻抗

$$Z = \frac{\dot{U}}{\dot{I}} = Z_1 + Z_2$$

同理，n 个复阻抗串联的等效复阻抗为

$$Z = Z_1 + Z_2 + Z_3 + \cdots + Z_n = \sum_{k=1}^{n} Z_k \tag{3-50}$$

2. 复阻抗的并联

图 3-23(b) 所示是两个复阻抗并联的电路，根据 KCL，总电流为

$$\dot{I} = \dot{I}_1 + \dot{I}_2 = \frac{\dot{U}}{Z_1} + \frac{\dot{U}}{Z_2} = Y_1\dot{U} + Y_2\dot{U} = (Y_1 + Y_2)\dot{U} = Y\dot{U}$$

由此得电路的等效复导纳

$$Y = \frac{\dot{I}}{\dot{U}} = Y_1 + Y_2$$

同理，n 个复阻抗并联的等效复导纳为

$$Y = Y_1 + Y_2 + Y_3 + \cdots + Y_n = \sum_{k=1}^{n} Y_k \tag{3-51}$$

例 3-9　已知 $Z_1 = (20 + j50)\ \Omega$，$Z_2 = -j50\ \Omega$，$f = 50\ \text{Hz}$，试求其并联等效电路。

解：并联等效电路的复阻抗为

$$Z = \frac{Z_1 \cdot Z_2}{Z_1 + Z_2} = \frac{(20 + j50) \cdot (-j50)}{(20 + j50) + (-j50)} = 125 - j50 = 134.63 \angle (-21.8°)\ (\Omega)$$

该电路可以等效为一个电阻和一个电容串联，电阻阻值为 125 Ω，电容为

$$C = \frac{1}{\omega X_C} = \frac{1}{2\pi \times 50 \times 50} = 63.66\ (\text{F})$$

3.5　谐振电路

在具有电阻 R、电感 L 和电容 C 的交流电路中，电路两端的电压与其中电流的相

位一般是不同的。如果调节电路元件（L 或 C）的参数或电源频率，可以使它们的相位相同，从而使整个电路呈现纯阻性。电路达到这种状态，称为谐振。在谐振状态下，电路的总阻抗达到极值或近似达到极值。研究谐振的目的就是要认识这种客观现象，并在实践中充分利用谐振的特征，同时预防它所产生的危害。

谐振电路在无线电技术、广播电视技术中有着广泛的应用。各种无线电装置、设备、测量仪器等都不可缺少谐振电路。这种电路的显著特点就是具有选频能力，可以将有用的频率成分保留下来，将无用的频率成分滤除。例如，收音机的天线会同时接收多个电台发射的不同载波的广播节目，而我们收听时，必须在众多广播节目中选出我们所要接收的那一套，这就是选频（选台）。改变谐振电路的谐振频率，使其谐振在所需接收电台的载频上，从而选择出该电台的广播信号，同时滤除其他电台及外来的无用信号，这就完成了选台。电视机的选台原理也是如此。

3.5.1 串联谐振

1. 串联谐振的定义和条件

在电阻、电感、电容串联电路中，当电路端电压和电流同相时，电路呈纯阻性，电路的这种状态叫作串联谐振，如图 3—24 所示。

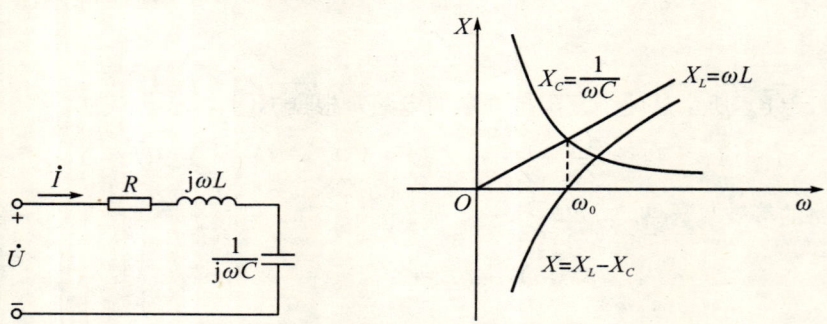

图 3—24 串联谐振

在电路两端加上正弦电压 U，根据欧姆定律有

$$I = \frac{U}{|Z|}$$

式中

$$|Z| = \sqrt{R^2 + (X_L - X_C)^2} = \sqrt{R^2 + \left(\omega L - \frac{1}{\omega C}\right)^2}$$

感抗 ωL 和容抗 $\frac{1}{\omega C}$ 是频率的函数。当频率较低时，容抗大而感抗小，阻抗 $|Z|$ 较大，电流较小；当频率较高时，感抗大而容抗小，阻抗 $|Z|$ 也较大，电流也较小。在这两个频率之间，总会有某一频率使容抗与感抗恰好相等。这时阻抗最小且为纯电阻，所以，此时电流最大，且与端电压同相，这就发生了串联谐振。

根据上述分析，串联谐振的条件为

$$X_L = X_C \tag{3—52}$$

即

$$\omega_0 L = \frac{1}{\omega_0 C} \text{ 或 } \omega_0 = \frac{1}{\sqrt{LC}}$$

$$f_0 = \frac{1}{2\pi\sqrt{LC}} \tag{3-53}$$

f_0 称为谐振频率。可见，当电路中的 L 和 C 一定时，谐振频率也就确定了。如果电源的频率一定，可以通过调节 L 或 C 的大小来实现谐振，所以，谐振频率只与电路的 L、C 参数有关，与 R 无关。

2. 串联谐振电路的特点

(1) 因为串联谐振时 $X_L = X_C$，故谐振时电路阻抗为 $|Z_0| = R$。

(2) 串联谐振时，阻抗最小，在电压 U 一定时，电流最大，其值为 $I_0 = \frac{U}{|Z_0|} = \frac{U}{R}$。由于电路呈纯阻性，故电流与电源电压同相，$\varphi = 0$。

(3) 电阻两端电压等于总电压。电感和电容的电压相等，其大小为总电压的 Q 倍，即

$$U_R = RI_0 = R\frac{U}{R} = U \tag{3-54}$$

$$U_L = U_C = X_L I_0 = X_C I_0 = \frac{\omega_0 L}{R}U = \frac{1}{\omega_0 CR}U = QU \tag{3-55}$$

式中，Q 为串联谐振电路的品质因数，其值为

$$Q = \frac{\omega_0 L}{R} = \frac{1}{\omega_0 CR}$$

谐振电路中的品质因数，一般可达 100 左右。可见，电感和电容上的电压比电源电压大很多倍，故串联谐振也叫作电压谐振。电路的电阻越小，电路消耗的能量也越少，则表示电路品质好，品质因数高；线圈的电感量 L 越大，储存的能量越多，而损耗一定时，同样也说明电路品质好，品质因数高。所以在电子技术中，由于外来信号微弱，常常利用串联谐振来获得一个与信号电压频率相同但幅值大很多倍的电压。

(4) 谐振时，电能仅用于电路中电阻的有功消耗，而电感与电容间进行着磁能和电能的转换。

3. 串联谐振的应用

前已述及，在收音机中，常利用串联谐振电路来选择电台信号，这个过程叫作调谐，如图 3-25(a) 所示。图 3-25(b) 所示是它的等效电路。

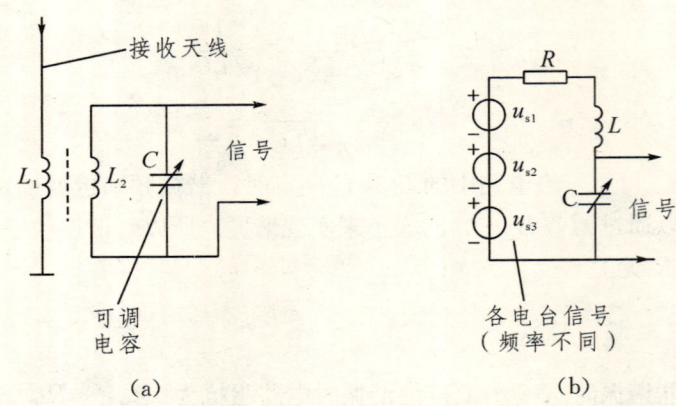

图 3−25 收音机调谐电路示意图

当不同频率信号的电波在天线上产生感生电流时,电流经过线圈 L_1 耦合到线圈 L_2。当调谐电路对某一信号频率发生谐振时,回路中该信号的电流最大,则在电容器两端产生一 Q 倍于此信号电压的电压 U_C。而其他频率的信号,因为没有引发谐振,在回路中的电流很小,从而被电路抑制。因此,可以通过调节电容 C 改变回路的谐振频率,从而选择所需要的电台信号。

3.5.2 并联谐振

1. 并联谐振的条件

在图 3−26 所示电路中,用电阻 R 和电感 L 的串联来表示实际线圈,与电容组成并联谐振电路。线圈和电容的复阻抗分别为

$$Z_1 = R + j\omega L, \quad Z_C = \frac{1}{j\omega C}$$

图 3−26 并联电路的谐振

电路的复阻抗

$$Z = \frac{(R + j\omega L)\frac{1}{j\omega C}}{R + j\omega L + \frac{1}{j\omega C}} \tag{3-56}$$

在一般情况下,线圈本身的电阻很小,特别是在频率较高时,ωL 远大于 R,故有

$$Z = \frac{\frac{L}{C}}{R + j\omega L + \frac{1}{j\omega C}} = \frac{1}{\frac{RC}{L} + j(\omega C - \frac{1}{\omega L})}$$

谐振时，复阻抗的虚部为零，得到

$$\omega_0 C - \frac{1}{\omega_0 L} = 0$$

$$\omega_0 = \frac{1}{\sqrt{LC}}, \quad f_0 = \frac{1}{2\pi\sqrt{LC}} \tag{3-57}$$

在 ωL 远大于 R 的情况下，并联谐振电路与串联谐振电路的谐振频率相同。并联谐振时，$\varphi = 0$，电压、电流同相位，阻抗最大，为 $Z_0 = \dfrac{L}{RC}$，电路的总电流 I_0 最小（外加电压 $\dot{U}$ 一定）。

在谐振时，通过线圈和电容的电流远远大于电路的总电流，如图 3-27 所示。这个现象称为过电流现象。此时，$\dfrac{I_C}{I_0}$ 远大于 1，$\omega_0 L$ 远大于 R。

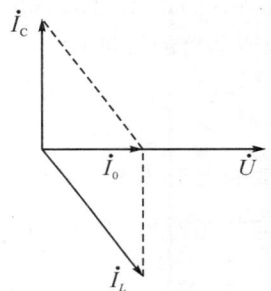

图 3-27　过电流现象

2. 并联谐振电路的特点

（1）总电流与端电压同相，电路呈纯阻性。
（2）能量交换只发生在电感和电容之间。
（3）如果外加频率高于谐振频率，电路呈容性，相当于一个电容。
（4）如果外加频率等于谐振频率，电路呈纯阻性，且有最大值。这一特性在实际应用中叫作选频特性。
（5）如果外加频率低于谐振频率，电路呈感性，相当于一个电感线圈。

所以，当串联或并联谐振电路未调节在信号频率点时，信号通过它将会产生相移（即相位失真）。

3. 并联谐振的危害

当电力线路发生并联谐振时，支路电流往往大大超过电路总电流，造成熔断器熔断、开关跳闸或烧毁电气设备的事故。所以，电力线路中要避免发生并联谐振。

4. 并联谐振的应用

并联谐振广泛应用于无线电工程中。但在电力工程中，往往又要避免并联谐振给电气设备带来的危害。通过对电路发生谐振的分析，人们在生产实践中能更好地用其所长，避其所短。

3.6 正弦交流电路的功率分析

在正弦交流电路中不但有电阻元件，还有电容和电感元件。由于电容和电感元件具有储能特性，它们的功率特性与电阻元件是不同的。电气设备及其负载在工作时都要提供或吸收一定的功率。如某台变压器提供的容量为 250 kV·A，某台电动机的额定功率为 2.5 kW，一盏白炽灯的功率为 60 W，等等。

在电路中，不同的负载由于性质不同，它们的功率性质及大小也各不相同。例如，前面所提到的感性负载就与阻性负载不同，前者并不消耗能量。所以，我们要对电路中的不同功率进行分析。正弦交流电路的功率有四种表达形式，分别是瞬时功率、有功功率（表示耗能元件实际消耗能量的情况）、无功功率（表示储能元件与电源进行能量交换的情况）、视在功率（表示电源或装置的容量）。

3.6.1 瞬时功率

如图 3-28 所示，设通过负载的电流为 $i = \sqrt{2}I\sin(\omega t + \varphi_i)$，负载两端的电压为 $u = \sqrt{2}U\sin(\omega t + \varphi_u)$，其参考方向如图所示。在电流、电压关联参考方向下，瞬时功率为

$$p = ui = \sqrt{2}U\sin(\omega t + \varphi_u) \times \sqrt{2}I\sin(\omega t + \varphi_i)$$
$$= UI\cos(\omega t + \varphi_u - \omega t - \varphi_i) - UI\cos(\omega t + \varphi_u + \omega t + \varphi_i)$$
$$= UI\cos(\varphi_u - \varphi_i) - UI\cos(2\omega t + \varphi_u + \varphi_i)$$

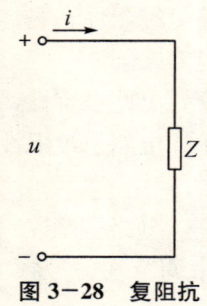

图 3-28 复阻抗

设 $\varphi = \varphi_u - \varphi_i$，且为了简化，设 $\varphi_i = 0$，则上式可写成

$$p = UI\cos\varphi - UI\cos(2\omega t + \varphi) \tag{3-58}$$

可见，正弦交流电路的瞬时功率由恒定分量和正弦分量两部分构成。其中，正弦分量的频率是电压、电流频率的两倍。其波形如图 3-29 所示，可以看出，当 u、i 瞬时值同号时，$p > 0$，从外电路吸收能量；当 u、i 瞬时值异号时，$p < 0$，向外电路提供能量。该二端网络与外电路之间进行着能量交换，这是由储能元件造成的。

还可以看出，在一个周期内，$p > 0$ 的部分大于 $p < 0$ 的部分，因此，电路总体上是从外电路吸收能量的，这是由于该二端网络中存在着耗能的电阻。

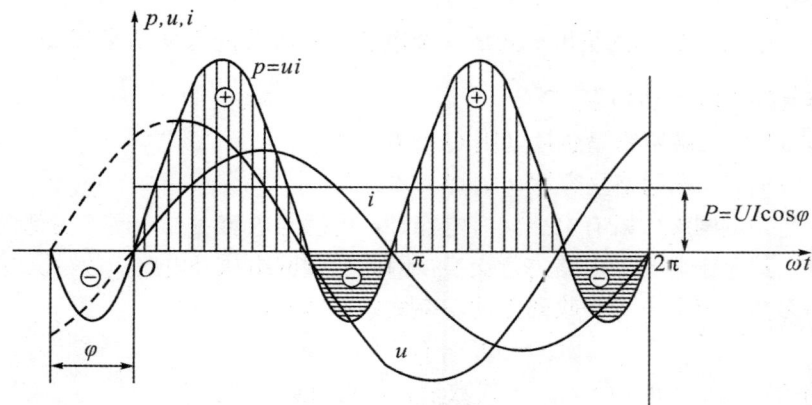

图 3-29 瞬时功率

3.6.2 有功功率

如前所述,有功功率也称为平均功率。在交流电路中,有功功率反映了单位时间内电阻元件所消耗的能量。根据有功功率的定义,可求出正弦交流电路的有功功率为

$$P = \frac{1}{T}\int_0^T p\,\mathrm{d}t = \frac{1}{T}\int_0^T [UI\cos\varphi - UI\cos(2\omega t + \varphi)]\mathrm{d}t \\ = UI\cos\varphi = UI\lambda \tag{3-59}$$

其中,λ 称为功率因数;φ 称为功率因数角,它等于二端网络等效复阻抗的阻抗角。

对于电阻元件 R:$\varphi = 0$,$P_R = U_R I_R = I_R^2 R \geqslant 0$

对于电感元件 L:$\varphi = \pi/2$,$P_L = U_L I_L \cos(\pi/2) = 0$

对于电容元件 C:$\varphi = -\pi/2$,$P_C = U_C I_C \cos(-\pi/2) = 0$

可见,在正弦交流电路中,电感、电容元件实际不消耗电能,而电阻总是消耗电能的。通过以上分析可以得到:有功功率是反映电路实际消耗功率的物理量,即无源二端网络中,各电阻所消耗的有功功率之和。有功功率的单位是瓦特(W)。即

$$P = UI\cos\varphi = P_1 + P_2 + \cdots + P_n = \sum_{k=1}^n P_k \tag{3-60}$$

3.6.3 无功功率

交流电路中的电感和电容元件并不消耗电源的功率,而是与电源之间进行能量交换。我们把元件与电源进行能量交换的功率的最大值称为无功功率。无功功率描述了能量交换的规模,用字母 Q 来表示。无功功率的单位是乏(var)。

定义正弦交流电路的无功功率 Q 为

$$Q = UI\sin\varphi = Q_L - Q_C \tag{3-61}$$

当 $\varphi = 0$ 时,二端网络可等效成一个电阻,它吸收的无功功率为零。

当 $\varphi = \dfrac{\pi}{2}$ 时,二端网络可等效成一个电感,它吸收的无功功率为 $Q = Q_L = UI$,即电感元件吸收无功功率。

当 $\varphi = -\dfrac{\pi}{2}$ 时，二端网络可等效成一个电容，它吸收的无功功率为 $Q = -Q_C = -UI$，即电容元件吸收无功功率。

当 $\varphi > 0$ 时，二端网络呈感性，则 $Q > 0$。

当 $\varphi < 0$ 时，二端网络呈容性，则 $Q < 0$。

注意，当二端网络中既有电感又有电容时，电感与电容在二端网络内部先自行交换一部分能量，其差额再与外电路进行交换，因此二端网络从外电路吸收的无功功率等于电感吸收的无功功率与电容吸收的无功功率之差，即

$$Q = Q_L - Q_C = UI\sin\varphi \tag{3-62}$$

式中，Q_L 和 Q_C 总是正的，Q 是一个代数量，可正可负。

可以证明，二端网络总的无功功率等于各部分的无功功率之和，即

$$Q = UI\sin\varphi = Q_1 + Q_2 + \cdots + Q_n = \sum_{k=1}^{n} Q_k \tag{3-63}$$

在电路中，电感和电容的无功功率有互补作用。通常在工程上认为电感"吸收"无功功率，电容"发出"无功功率。而在实际电路中，大部分负载为感性负载，因此常用电容进行无功功率补偿。

3.6.4 视在功率

视在功率是交流电路中电压的有效值 U 与电流的有效值 I 的乘积，它不直接反映电路的能量状态，只是反映了电路可能消耗或提供的最大有功功率。视在功率是用来表示电气设备容量的重要参数。其计算公式为

$$S = UI \tag{3-64}$$

视在功率的国际单位为伏安（V·A），也常使用千伏·安（kV·A），1kV·A = 1 000 V·A。

在电力工程中，我们规定了电气设备的额定电压 U_N 和额定电流 I_N，并把 $S_N = U_N I_N$ 称为电气设备的额定容量。例如，某发电机的容量为 S，表示该发电机在输出额定电压和额定电流时，所能提供的最大有功功率为 S。

有功功率、无功功率、视在功率的关系为

$$P = S\cos\varphi \tag{3-65}$$

$$Q = S\sin\varphi \tag{3-66}$$

$$S = \sqrt{P^2 + Q^2} \tag{3-67}$$

$$\varphi = \arctan\dfrac{Q}{P} = \arctan\dfrac{X}{R} \tag{3-68}$$

将表示交流电路中电压关系的电压三角形的各边乘以电流 I，即构成功率三角形，如图 3-30 所示。

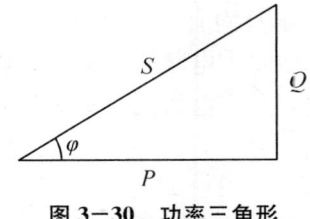

图 3-30 功率三角形

例 3-10 已知电阻 $R=30\ \Omega$，电感 $L=328\ \text{mH}$，电容 $C=40\ \mu\text{F}$，串联后接到电压为 $u=220\sqrt{2}\sin(314t+30°)\ \text{V}$ 的电源上。求电路的 P、Q 和 S。

解：根据题目，电路的总阻抗为

$$Z = R + \text{j}(X_L - X_C) = 30 + \text{j}(314 \times 382 \times 10^{-3} - \frac{1}{314 \times 40 \times 10^{-6}})$$

$$= 30 + \text{j}(120 - 80) = 30 + \text{j}40 = 50\angle 53.1°(\Omega)$$

电压相量为 $\dot{U} = 220\angle 30°\ \text{V}$，因此电流相量为

$$\dot{I} = \frac{\dot{U}}{Z} = \frac{220\angle 30°}{50\angle 53.1°} = 4.4\angle(-23.1°)(\text{A})$$

电路的有功功率为

$$P = UI\cos\varphi = 220 \times 4.4 \times \cos 53.1° = 58(\text{W})$$

电路的无功功率为

$$Q = UI\sin\varphi = 220 \times 4.4 \times \sin 53.1° = 774(\text{var})$$

电路的视在功率为

$$S = UI = 220 \times 4.4 = 968(\text{V} \cdot \text{A})$$

3.7 功率因数的提高

3.7.1 功率因数的定义

功率因数的大小与电路的负载性质有关，如只有白炽灯泡、电阻炉等阻性负载的电路的功率因数为 1，而带有感性负载的电路的功率因数都小于 1。功率因数是电力系统的一个重要技术数据，是衡量电气设备效率高低的一个系数。功率因数低，说明电路用于交变磁场转换的无功功率大，从而降低了设备的利用率，增加了线路供电损失。在交流电路中，电压与电流之间的相位差（φ）的余弦叫作功率因数，用符号 $\cos\varphi$ 表示。在数值上，功率因数是有功功率与视在功率的比值，即 $\cos\varphi = P/S$。

通常，用电成本占工业企业成本的 5%~30%，甚至更高。因此，提高电能的利用效率，保证电能质量，是企业节能提效的重要手段。绝大多数工业企业是以电动机作为机械的原动机，而电动机是感性负载，功率因数并不高，因此企业的能源消耗中无功消耗占了很大成分。尽可能减少无功能耗，是企业节能的头等大事。对于企业而言，供电损耗主要包括电动机损耗、低压线路损耗、高压线路损耗和变压器损耗。安装无功补偿装置后，功率因数提高，线路电流下降，线路损耗和变压器的有功损失也会随之降低。

电动机损耗（即效率）是电动机本身固有的，目前 Y 系列电动机的效率一般在 85%～95%。但电动机的功率因数会影响整个电网的效率。用电系统装设无功补偿设备，提高功率因数，对于企业的降损节电以及用电系统的安全可靠运行具有极为重要的意义。

3.7.2 提高功率因数的意义

（1）充分利用供电设备的容量，使同样的供电设备为更多的用电器供电。

每个供电设备都有额定容量，即视在功率 $S = UI$。供电设备输出的总功率 S 中，一部分为有功功率 $P = S\cos\varphi$，另一部分为无功功率 $Q = S\sin\varphi$。$\cos\varphi$ 越小，电路中的有功功率 $P = S\cos\varphi$ 就越小，提高 $\cos\varphi$ 的值，可使同等容量的供电设备向用户提供更多的功率。因此，提高功率因数可提高供电设备的能量利用率。

例 3-11 一台发电机的额定电压为 220 V，输出总功率为 4 400 kV·A。试求：① 该发电机能带动多少个 220 V/4.4 kW，$\cos\varphi = 0.5$ 的用电器正常工作？② 该发电机能带动多少个 220 V/4.4 kW，$\cos\varphi = 0.8$ 的用电器正常工作？

解：① 单个用电器占用电源的功率：

$$S_{单} = \frac{P_{N单}}{\cos\varphi} = \frac{4.4}{0.5} = 8.8(\text{kV}\cdot\text{A})$$

该发电机能带动的用电器个数：

$$n = \frac{S_{N电源}}{S_{单}} = \frac{4400}{8.8} = 500(\text{台})$$

② 单个用电器占用电源的功率：

$$S_{单} = \frac{P_{N单}}{\cos\varphi} = \frac{4.4}{0.8} = 5.5(\text{kV}\cdot\text{A})$$

该发电机能带动的用电器个数：

$$n = \frac{S_{N电源}}{S_{单}} = \frac{4400}{5.5} = 800(\text{台})$$

可见，功率因数从 0.5 提高到 0.8，发电机可正常带动的用电器数量从 500 个提高到 800 个，使同样的供电设备能为更多的用电器供电，大大提高了供电设备的能量利用率。

（2）减少供电线路上的电压降和能量损耗。

我们知道，$P = IU\cos\varphi$，$I = P/(U\cos\varphi)$，故用电器的功率因数越低，则用电器从电源吸取的电流就越大，输电线路上的电压降和功率损耗也就越大；用电器的功率因数越高，则用电器从电源吸取的电流就越小，输电线路上的电压降和功率损耗也就越小。因此，提高功率因数，能减少供电线路上的电压降和能量损耗。

例 3-12 一台发电机以 400 V 的电压向负载输出 6 kW 的功率，如果输电线总电阻为 1 Ω，试计算：① 负载的功率因数从 0.5 提高到 0.75 时，输电线上的电压降可减小多少？② 负载的功率因数从 0.5 提高到 0.75 时，输电线上一天可少损失多少电能？

解：① $\cos\varphi = 0.5$ 时，输电线上的电流：

$$I_1 = \frac{P}{U\cos\varphi} = \frac{6 \times 10^3}{400 \times 0.5} = 30(\text{A})$$

输电线上的电压降：
$$U_1 = I_1 R = 30 \times 1 = 30(\text{V})$$

$\cos\varphi = 0.75$ 时，输电线上的电流：
$$I_2 = \frac{P}{U\cos\varphi} = \frac{6 \times 10^3}{400 \times 0.75} = 20(\text{A})$$

输电线上的电压降：
$$U_2 = I_2 R = 20 \times 1 = 20(\text{V})$$

输电线上电压降减小的数值：
$$\Delta U = U_1 - U_2 = 30 - 20 = 10(\text{V})$$

② $\cos\varphi = 0.5$ 时，输电线上的电能损耗：
$$W_{1损} = I_1^2 R = 30^2 \times 1 = 900(\text{W})$$

$\cos\varphi = 0.75$ 时，输电线上的电能损耗：
$$W_{2损} = I_2^2 R = 20^2 \times 1 = 400(\text{W})$$

输电线上一天可少损失的电能：
$$\Delta W = (900 - 400) \times 24 = 12000(\text{W} \cdot \text{h}) = 12(\text{kW} \cdot \text{h})$$

（3）提高功率因数能改善供电质量。

线路上输送的有功功率为 $P = UI\cos\varphi$，若要求有功功率 P 一定和电压 U 不变，则电流和功率因数 $\cos\varphi$ 成反比。功率因数越低，说明线路上的无功功率越大，因而通过线路的电流 I 也越大。由于线路具有一定的阻抗，必然造成电压损失，使线路电压降低。

（4）提高功率因数可以减少企业电费支出。

为了鼓励用户提高功率因数，电力部门针对工业用户制定了按照月平均功率因数调整电费的办法。即在按照国家核准的电价计算出当月电费后，再根据"功率因数调整表"所规定的百分数对电费进行增减，从而促进电力资源的合理利用和电力系统的稳定运行。

3.7.3 提高功率因数的方法

提高功率因数的方法可分为提高自然功率因数和采用人工补偿两种。

1. 提高自然功率因数的方法

提高自然功率因数，就是在不添置任何补偿装置的前提下，采取相关措施来减少供电系统中的无功功率。它不需要增加投资，是最经济的提高功率因数的方法。

提高自然功率因数的方法具体有以下几种：

（1）正确选择异步电动机的型号与容量。

合理选用电动机，既要注意机械性能，又要考虑电气指标。若电动机长期低负载运行，既会增大功率损耗，又会使功率因数和效率显著降低。故从节约电能和提高功率因数的角度出发，必须合理地选择电动机的容量。

正确选用异步电动机，使其额定容量与所带负载相配合，对于改善功率因数是十分重要的。在选型方面，要注意选用节能型电动机，淘汰高能耗的电动机，并依据电动机机械工作对启动力矩、启动次数、调速等方面的具体要求，选用不同的型号。电动机的效率 η 与功率因数 $\cos\varphi$ 是反映电动机经济运行水平的主要指标，都与负载率 β 有密切关系。GB/T 12497—2006《三相异步电动机经济运行》对三相异步电动机三个运行区域规定如下：

当负载率 β 在 70%~100% 时，为经济运行区；

当 $40\% \leqslant \beta \leqslant 70\%$ 时，为一般运行区；

当 $\beta < 40\%$ 时，为非经济运行区。

因此，要防止"大马拉小车"，减少负载的无功消耗，使其尽可能在满载下运行，达到提高自然功率因数的目的。

(2) 根据负荷选用相匹配的变压器。

电力变压器一次侧功率因数不仅与负载的功率因数有关，而且与负载率有关。若变压器满载运行，一次侧功率因数仅比二次侧降低 3%~5%；若变压器轻载运行，当负载率小于 60% 时，一次侧功率因数就显著下降，降幅达 11%~18%。因此，电力变压器的负载率在 60% 以上时运行才较经济，一般以 60%~70% 为宜。为了充分利用设备和提高功率因数，电力变压器一般不宜轻载运行。当电力变压器负载率小于 30% 时，应当更换成容量较小的变压器。此外，可以在负载小的时候切除部分变压器，这样可以减少无功功率的需求量，使自然功率因数得到提高。

(3) 保证电动机的检修质量。

异步电动机定子与转子间的气隙是影响其无功功率消耗的主要因素。当定子与转子间气隙增大或定子线圈匝数减少时，都会使励磁电流增大，从而增加从电网吸收的无功功率，使功率因数降低。因此，要提高检修质量，保证电动机的结构参数和性能参数符合设计标准。

(4) 对于容量较大且不需要调速的电动机，应尽量选用同步电动机。

通过调节励磁电流，使同步电动机处于过励状态，可使其功率因数的相位角变为超前（即成为容性负载），这样同步电动机不仅不会吸收无功功率，而且可向电网输出无功功率，以补偿其他感性负载的无功功率需求，达到提高功率因数的目的。通常，低速、恒速且长期连续工作的容量较大的电动机，宜采用同步电动机，如轧钢设备、球磨机、空压机、鼓风机、水泵等设备的驱动电机。这些设备采用同步电动机为原动机时，其容量一般在 250 kW 以上，环境与启动条件均能满足同步电动机的要求，而且停歇时间较少，因此对改善功率因数能起很大作用。对于负载有变化且经常处于轻载状态的电动机，宜采用 △-Y 自动切换方式运行。

2. 功率因数的人工补偿

在生产实际中，可使用电力电容器或调相机进行功率因数的人工补偿。一般采用电力电容器补偿无功功率，即在感性负载上并联电容器，如图 3-31 所示。在感性负载上并联电容器，可用电容器的无功功率来补偿感性负载的无功功率，从而减少甚至消除感性负载与电源之间原有的能量交换。

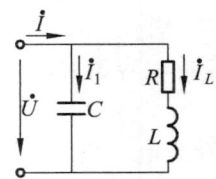

图 3-31 感性负载并联电容器

感性负载电路中的滞后于电压，并联电容器后可产生超前电压 90°的电容支路电流，抵减滞后于电压的电流，使电路的总电流减小，从而减小阻抗角，提高功率因数。用串联电容器的方法也可提高电路的功率因数，但串联电容器使电路的总阻抗减小，总电流增大，从而加重电源的负担，因而不用串联电容器的方法来提高电路的功率因数。

并联电容器以后，感性负载的电流 $I_1 = U/\sqrt{R^2 + X_L^2}$ 和功率因数 $\cos\varphi_1 = R/\sqrt{R^2 + X_L^2}$ 均未变化，这是因为所加电压和负载参数没有改变。但电压 u 和线路电流 i 之间的相位差 φ 变小了，即 $\cos\varphi$ 变大了。这里我们所讲的提高功率因数，是指提高电源或电网的功率因数，而不是指提高某个感性负载的功率因数。

在感性负载上并联电容器以后，减少了电源与负载之间的能量互换。这时感性负载所需的无功功率，大部分或全部是就地供给（由电容器供给），也就是说能量的互换现在主要或完全发生在感性负载与电容器之间，因而使电动机容量得到充分利用。此外，并联电容器以后，线路电流也减小了，因而减少了功率损耗。

例 3-13 设负载的端电压为 U，电压频率为 f，电源供给负载的功率为 P，功率因数为 $\cos\varphi_1$。要将负载的功率因数从 $\cos\varphi_1$ 提高到 $\cos\varphi_2$，需在负载两端并联多大的电容？

解：因为 $I_C = I_1\sin\varphi_1 - I_2\sin\varphi_2 = \dfrac{P}{U\cos\varphi_1}\sin\varphi_1 - \dfrac{P}{U\cos\varphi_2}\sin\varphi_2$

$$= \dfrac{P}{U}\tan\varphi_1 - \dfrac{P}{U}\tan\varphi_2 = \dfrac{P}{U}(\tan\varphi_1 - \tan\varphi_2)$$

又 $$I_C = \dfrac{U}{X_C} = \dfrac{U}{\dfrac{1}{\omega C}} = 2\pi fCU$$

所以 $$C = \dfrac{P}{2\pi fU^2}(\tan\varphi_1 - \tan\varphi_2)$$

式中 P —— 电源供给负载的有功功率，W；
U —— 负载的端电压，V；
φ_1 —— 并联电容前电路的阻抗角；
φ_2 —— 并联电容后电路的阻抗角；
f —— 电源频率，Hz；
C —— 并联电容器的电容。

采用并联电容器的方式进行无功补偿，按其在供电系统中安装的位置，可分为集中补偿、分组补偿和就地补偿三种类型。

①集中补偿：在高、低压配电所内设置若干组电容器组，电容器接在配电母线上，

补偿该配电所供电范围内的无功功率,并使总功率因数达到规定的值。如果电容器组容量较大,可采用电容器柜;如果企业配电容量大,需大量采用电容器进行无功补偿,则需另外建造电容器室。

②分组补偿:有的企业小功率异步电动机较少,不便都安装无功就地补偿器。这时,采用分组补偿较为合适,即在车间内或针对多台小功率异步电动机集中装设无功补偿器。

③就地补偿:把无功补偿器直接接在异步电动机旁或其进线端子上。这种补偿方式相当于把无功电源直接搬到异步电动机旁,使异步电动机所需要的大部分无功功率由无功就地补偿器供给,无功功率仅在异步电动机和并联电容器之间流动,从而消除了无功电流在高、低压线路中的流动,减少了线路负荷和损耗。

综上所述,提高功率因数对国家能源高效利用、企业经济效益提升均能起到促进作用,是保证电力系统电能质量、降低网络损耗以及保障设备安全运行不可缺少的条件。它不仅能够减少电费开支,提高企业自身的经济效益,还能为国家节约资源,减少有害气体排放。因此,提高功率因数是利国利民的重要举措。在生产实际中应根据不同情况采取相应措施来提高功率因数,降低无功损耗,从而提高经济效益。

例 3-14 有一感性负载,接于 380 V、50 Hz 的电源上,负载的功率 $P = 20$ kW,功率因数 $\cos\varphi = 0.6$。若要将此负载的功率因数提高到 0.9,求并联电容器的电容和并联电容器前后电路中的电流。相量图如图 3-32 所示。

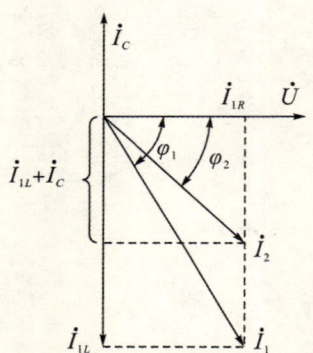

图 3-32 感性负载并联电容器相量图

解:$C = \dfrac{P}{2\pi f U^2}(\tan\varphi_1 - \tan\varphi_2) = \dfrac{P}{2\pi f U^2}[\tan(\arccos 0.6) - \tan(\arccos 0.9)]$

$= \dfrac{20 \times 10^3}{2 \times 3.14 \times 50 \times 380^2}(\tan 53.13° - \tan 25.84°)$

$= \dfrac{20 \times 10^3}{2 \times 3.14 \times 50 \times 380^2}(1.333 - 0.484)$

$= 374 \times 10^{-6}(\text{F}) = 374(\mu\text{F})$

并联电容器前后,电路中的电流分别为

$I_1 = \dfrac{P}{U\cos\varphi_1} = \dfrac{20 \times 10^3}{380 \times 0.6} = 87.7(\text{A})$,$I_2 = \dfrac{P}{U\cos\varphi_1} = \dfrac{20 \times 10^3}{380 \times 0.9} = 58.5(\text{A})$

例 3-15 某单位原来的用电功率为 70 kW,用电设备的功率因数为 0.7,由一台容

量 $S = 100 \text{ kV} \cdot \text{A}$,额定电压 $U = 220 \text{ V}$ 的三相变压器配电。现用电功率增至 90 kW,问:

① 如果电路的功率因数不变,则须换用多大容量的变压器?

② 能否在变压器低压侧并联电容器使原变压器满足现在的配电要求?如可以,则需用多大的电容器?

解: ① 如果电路的功率因数不变,则须换用的变压器的容量为

$$S = \frac{P}{\cos\varphi} = \frac{90}{0.7} \approx 129 (\text{kV} \cdot \text{A})$$

② 如在变压器低压侧并联电容器使原变压器满足现在的配电要求,则电路的功率因数需提高为

$$\cos\varphi = \frac{P}{S} = \frac{90}{100} = 0.9$$

这是可以做到的,因此可采用在变压器低压侧并联电容器的方法使原变压器满足现在的配电要求。

所需电容器的总容量为

$$C = \frac{P}{2\pi f U^2}(\tan\varphi_1 - \tan\varphi_2) = \frac{P}{2\pi f U^2}[\tan(\arccos 0.7) - \tan(\arccos 0.9)]$$

$$= \frac{70 \times 10^3}{2 \times 3.14 \times 50 \times 220^2}(\tan 45.57° - \tan 25.84°)$$

$$= \frac{70 \times 10^3}{2 \times 3.14 \times 50 \times 220^2}(1.020 - 0.484)$$

$$\approx 2.469 \times 10^{-3} (\text{F})$$

实践任务

实验5　基于 Multisim 的 R、L、C 元件伏安特性测量

一、实验目的

研究 R、L、C 元件在正弦交流电路中的伏安特性。

二、实验原理

在正弦交流电路中,R、L、C 元件的阻抗与交流电源频率有关。在电源频率相同、电压不同和频率不同、电压相同两种情况下,测量 R、L、C 元件的伏安特性,从而研究线性电阻、电感元件、电容元件的特性差异。

三、实验设备

实验设备清单见表 3-1。

表 3-1 实验设备清单

序号	名称	型号与规格	数量	备注
1	Multisim 软件		1	
2	可调交流电源	0~30 V	2	
3	万用表	0~200 mA,0~200 V	6	
4	电流探针		3	
5	线性电阻器	51 Ω,1 kΩ	2	
6	电容	1 μF	1	
7	电感	10 mH	1	

四、实验内容

（1）在 Multisim 软件中，找到交流电源、电阻元件、电容元件、电感元件、开关、电流探针以及万用表，按照图 3-33 连接好电路。

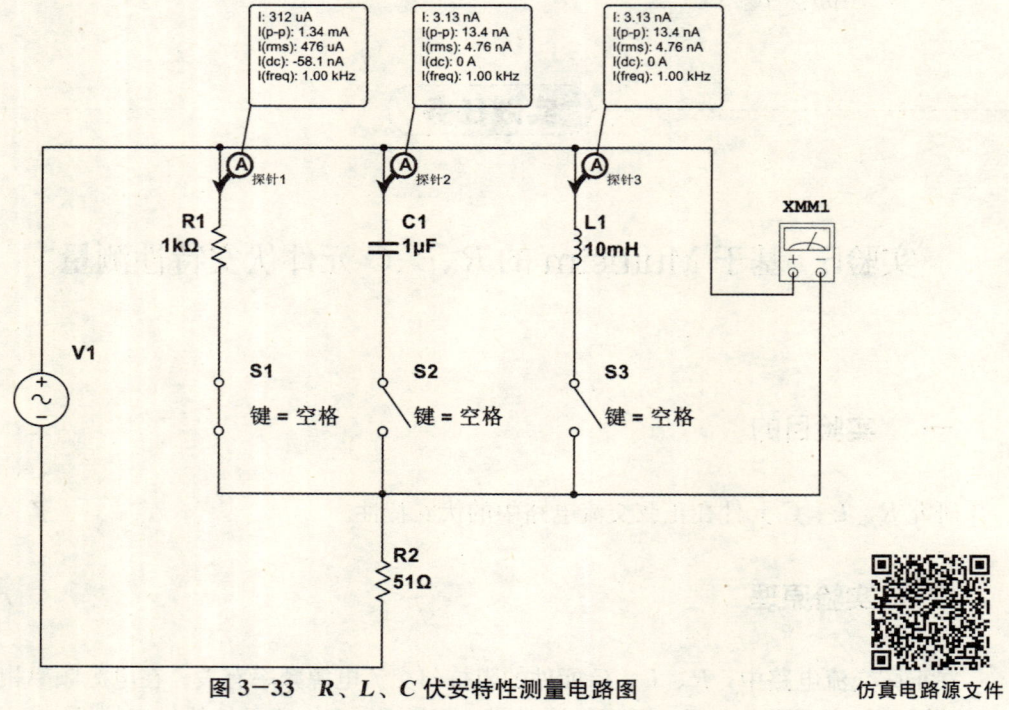

图 3-33 R、L、C 伏安特性测量电路图

仿真电路源文件

(2) 测量线性电阻的伏安特性。闭合开关 S1，断开开关 S2、S3，将线性电阻接入电路，保持电源的输出频率为 1000 Hz 不变，调整输出电压 u，使 u 为表 3-2 所给定的值，并将测量数据记入表 3-2 中。

表 3-2 $f=1000$ Hz 时电阻测量数据

u/V	0.5	1	1.5	2	2.5	3	3.5
u_R/mV							
i_R/mA							

(3) 保持电源的输出电压为 3 V 不变，调整其输出频率 f，使 f 为表 3-3 所给定的值，并将测量数据记入表 3-3 中。

表 3-3 $u=3$ V 时电阻测量数据

f/kHz	1	5	10	15	25	30	35
u_R/mV							
i_R/mA							

(4) 测量电感元件的伏安特性。闭合开关 S3，断开开关 S1、S2，将电感接入电路，重复实验步骤（2）和（3），并将实验数据记入表 3-4 和表 3-5 中。

表 3-4 $f=1000$ Hz 时电感测量数据

u/V	0.5	1	1.5	2	2.5	3	3.5
u_L/mV							
i_L/mA							

表 3-5 $u=3$ V 时电感测量数据

f/kHz	1	5	10	15	25	30	35
u_L/mV							
i_L/mA							

(5) 测量电容元件的伏安特性。闭合开关 S2，断开开关 S1、S3，将电容接入电路，重复实验步骤（2）和（3），并将实验数据记入表 3-6 和表 3-7 中。

表 3-6 $f=1000$ Hz 时电容测量数据

u/V	0.5	1	1.5	2	2.5	3	3.5
u_C/mV							
i_C/mA							

表 3-7 $u=3$ V 时电容测量数据

f/kHz	1	5	10	15	25	30	35
u_C/mV							
i_C/mA							

五、实验报告

（1）根据实验数据，画出各元件的伏安特性曲线，并分析各自的特点。
（2）总结实验的收获、心得体会。

实验6 基于 Multisim 的 RLC 串联电路电压、电流测量

一、实验目的

研究 RLC 串联电路的电压、电流随电源频率的变化情况。

二、实验原理

在正弦交流电路中，改变电源频率，测量不同频率下 R、L、C 元件的电压、电流值，从而研究在交流电路中欧姆定律及基尔霍夫定律的适用性。

三、实验设备

实验设备清单见表 3-8。

表 3-8 实验设备清单

序号	名称	型号与规格	数量	备注
1	Multisim 软件		1	
2	可调交流电源	0~30 V	2	
3	万用表	0~200 mA，0~200 V	4	
4	线性电阻器	100 Ω	1	
5	电容	5 μF	1	
6	电感	100 mH	1	

四、实验内容

（1）在 Multisim 软件中，找到交流电源、电阻元件、电容元件、电感元件以及万用表，按照图 3-34 连接好电路。

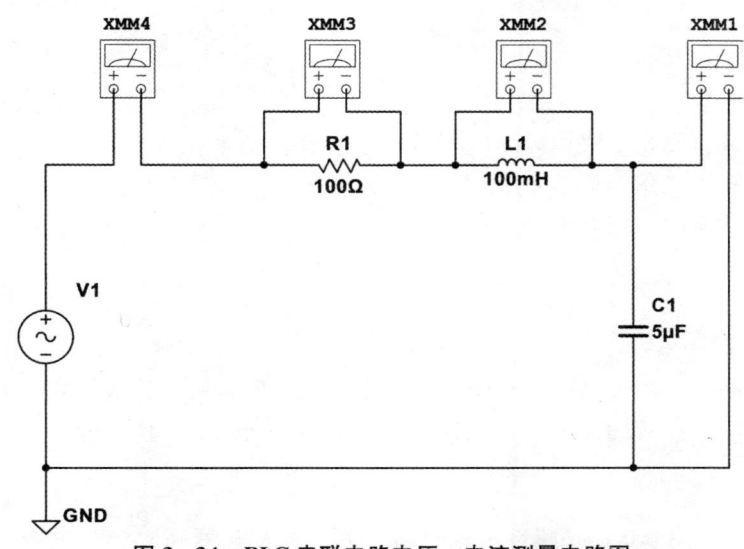

图 3-34 *RLC* 串联电路电压、电流测量电路图

仿真电路源文件

（2）保持电源的输出电压为 10 V 不变，调整其输出频率 f，使 f 为表 3-9 所给定的值，并将测量数据记入表 3-9 中。

表 3-9 测量数据

f/Hz	$U_{输出}$	I	U_R	U_L	U_C
50					
100					
225					
300					
500					
1000					

五、实验报告

（1）根据实验数据，分析电源频率变化会引起各元件电压、电流怎样的变化。
（2）在交流电路中，各元件电压之和是否与电源输出电压相等？为什么？
（3）总结实验的收获、心得体会。

实验 7　基于 Multisim 的电路功率因数研究

一、实验目的

（1）研究正弦稳态交流电路中电压、电流相量之间的关系。
（2）掌握荧光灯线路的接线。
（3）理解提高电路功率因数的意义并掌握其方法。

二、实验原理

在单相正弦交流电路中，用交流电流表测得各支路的电流值，用交流电压表测得回路各元件两端的电压值，它们之间的关系应满足相量形式的基尔霍夫定律，即 $\sum \dot{I} = 0$ 和 $\sum \dot{U} = 0$。

（1）荧光灯电路（见图 3-35）是感性负载电路。镇流器 L 可看作电感与电阻的串联；点亮的荧光灯管可看成是电阻元件。例如，20 W 荧光灯在外加电压 $U=220$ V（有效值）的作用下，灯管电流为 0.31 A，电路的有功功率为 $P=20$ W，荧光灯的功率因数为

$$\cos\varphi = P/UI = \frac{20}{220 \times 0.31} \approx 0.293$$

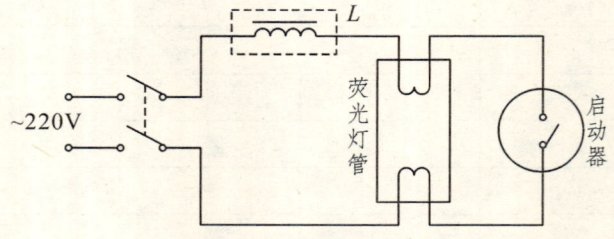

图 3-35　荧光灯原理图

负载功率因数低，使得电源容量不能被充分利用。另外，因为功率因数低，线路总电流大，导致电能损耗增加。这些都是很不经济的。

（2）在荧光灯电路上并联电容（见图 3-36）可以提高功率因数。由图 3-37 所示相量图可见，由于有了 $\dot{I}_C$ 这一分量，总电流减小了，整个负载的功率因数提高了。

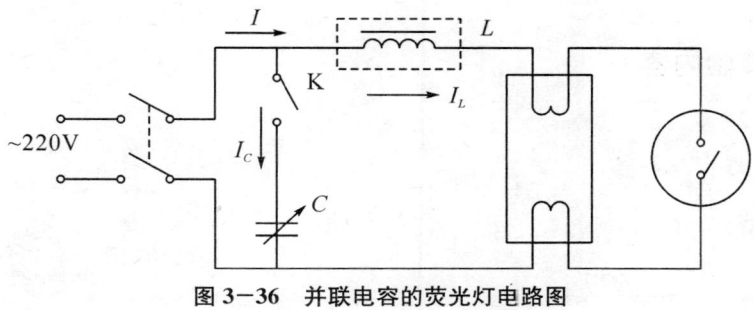

图 3-36 并联电容的荧光灯电路图

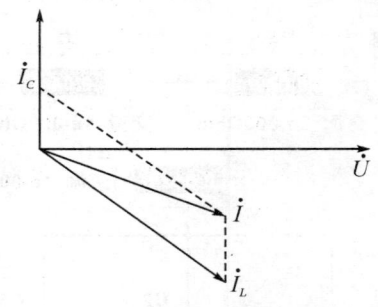

图 3-37 相量图

三、实验设备

实验设备清单见表 3-10。

表 3-10 设备清单

序号	名称	型号与规格	数量	备注
1	Multisim 软件		1	
2	可调交流电源	0~1000 V	1	
3	功率表（瓦特计）		1	
4	线性电阻器	350 Ω	1	
5	电容	1 μF、2.2 μF、4.7 μF	1	
6	电感	1.8 H	1	
7	交流电流表		3	

四、实验内容

1. 荧光灯电路接线

(1) 按图 3-38 接线。

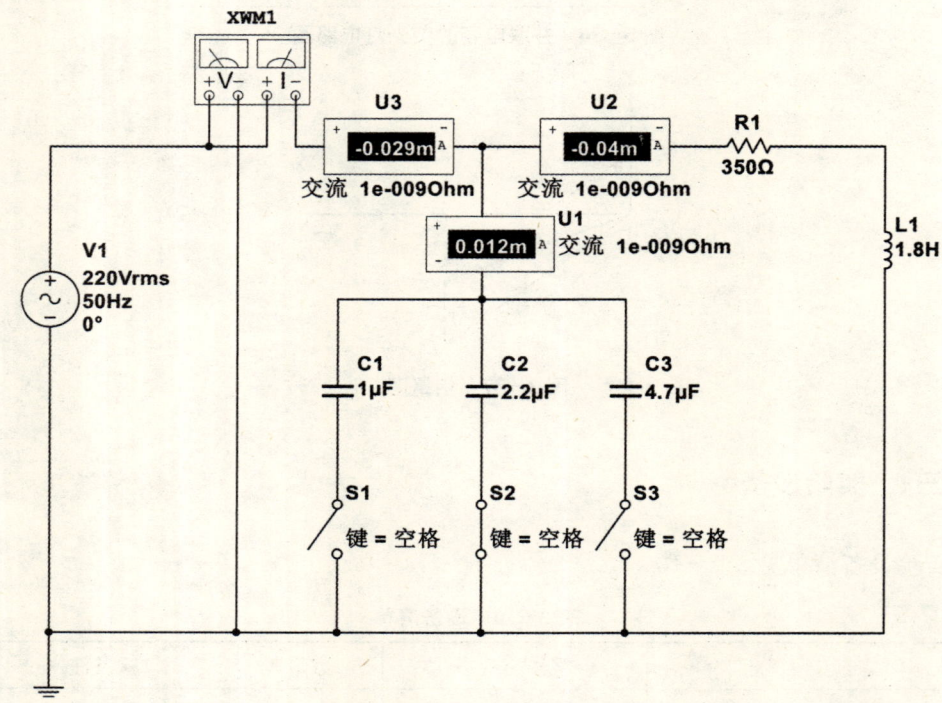

图 3-38 实验电路图

仿真电路源文件

(2) 荧光灯正常工作时，可看成是由灯管和镇流器串联的电路。其中，荧光灯管可认为是一个阻性负载，而镇流器可视为一个具有铁心的电感线圈，二者构成了感性电路。

2. 并联电容——电路功率因数的提高

设置电源为 220 V、50 Hz，按照表 3-11 依次改变并联电容值，并通过电流表、电压表、功率表测得三条支路的电流、电压和功率。数据记入表 3-11 中。

表 3-11 实验数据

电容值/μF	测量数值					
	P/W	cos φ	U/V	I/A	I_L/A	I_C/A
0						
1						
2.2						
4.7						

注意事项：功率表要正确接入电路。

五、实验报告

（1）完成数据表格中功率因数的计算，分析不同电容值对提高功率因数的效果，并得出结论。

（2）讨论提高电路功率因数的意义和方法。

（3）总结实验的收获、心得体会。

思考练习

一、填空题

1. 随时间按＿＿＿＿规律作周期性变化的电动势、电压和电流称为正弦交流电。
2. 正弦交流电的三要素是指正弦量的＿＿＿＿、＿＿＿＿和＿＿＿＿。
3. 正弦交流电的最大值 U_m 和有效值 U 之间的关系为＿＿＿＿。
4. 人们日常使用的 220 V 市电和 380 V 工业用电是交流电的＿＿＿＿值。其频率都是＿＿＿＿。

二、判断题

1. 正弦交流电的表示方法包括瞬时值表达式、波形图和相量法3种。（ ）
2. 由于正弦交流电路是线性电路，所以线性电路的分析方法、定律、定理都适用于正弦交流电路。（ ）
3. 两个同频率的正弦交流电相位之差为 180°，这两个正弦交流电的相位关系叫作反相。（ ）
4. 串联谐振时，电路中的电流值最大。（ ）
5. 视在功率在数值上等于电路的有功功率和无功功率之和。（ ）

三、选择题

1. 作为正弦交流电路的负载，其功率因数（ ）。
   A. 越低越好　　　　　　　　　　　　B. 是 0.5 最好

C. 越接近于 1 越好　　　　　　　　D. 是 0.75 最好

2. 不能用来表示正弦交流电变化快慢的物理量是（　　）。
   A. 周期　　　　　　　　　　　　B. 速度
   C. 频率　　　　　　　　　　　　D. 角频率

3. 在纯电阻交流电路中，电压和电流是（　　）的正弦量。
   A. 同频率、同相位
   B. 同频率、不同相位
   C. 不同频率、同相位
   D. 不同频率、不同相位

4. 在交流电路中，电流比电压滞后 90°，则该电路属于（　　）电路。
   A. 纯电阻　　　　　　　　　　　B. 纯电感
   C. 纯电容　　　　　　　　　　　D. 其他

5. 并联电容器的目的是（　　）。
   A. 降低功率因素
   B. 提高功率因素
   C. 维持电流
   D. 维持电压

四、简答题

1. 有一耐压为 220 V 的交、直流通用电容器，能否把它接在 220 V 交流电源上使用？为什么？

2. 在图 3-39 所示电路中，当交流电压 u 的有效值不变，频率增高时，电阻元件、电感元件、电容元件上的电流将如何变化？

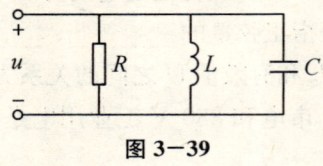

图 3-39

3. 判断下列表达式的正误：
   ① $u = 3 + j4$ V　　② $I = 5\sin(314t + 30°)$ A　　③ $\dot{U} = 220\angle 36.9°$ V

五、计算题

1. 电路如图 3-40 所示，已知交流电源的角频率 $\omega = 2$ rad/s，试问 A、B 端口间的阻抗 Z_{AB} 是多大？

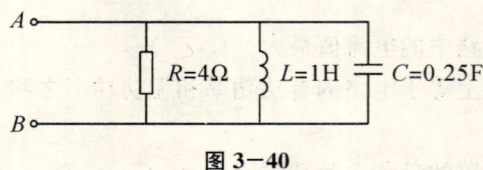

图 3-40

2. 在图 3-41 中，已知电源电压 $\dot{U} = 220\angle 0°$ V。试求：① 等效复阻抗 Z；② 电流 $\dot{I}$、$\dot{I}_1$、$\dot{I}_2$。

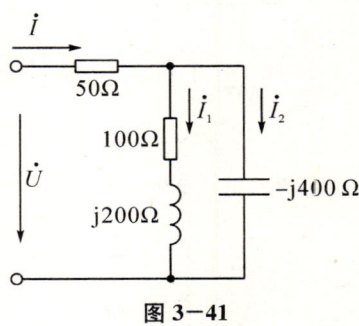

图 3-41

3. 已知图 3-42 所示电路中，正弦信号源的角频率 $\omega = 10^3$ rad/s。试问：① 全电路呈容性还是感性？② 若 C 可变，要使 $\dot{U}$ 和 $\dot{I}$ 同相，C 应为何值？

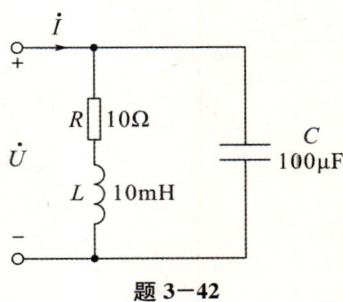

题 3-42

4. 在图 3-43 所示电路中，若测得 $I = 10$ A，$I_L = 11$ A，$I_R = 6$ A，求 I_C。

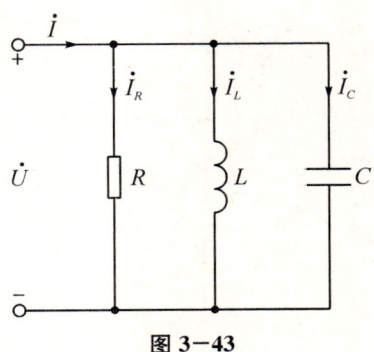

图 3-43

5. 在 R、L、C 元件串联的电路中，已知 $R = 30$ Ω，$L = 127$ mH，$C = 40$ μF，电源电压 $u = 220\sqrt{2}\ \sin(314t + 20°)$ V。① 求感抗、容抗和阻抗；② 求电流的有效值 I 与瞬时值 i 的表达式；③ 求功率因数 $\cos\varphi$；④ 求各部分电压的有效值与瞬时值的表达式；⑤ 作相量图；⑥ 求功率 P、Q 和 S。

6. 某收音机输入回路的等效电路如图 3-44 所示，$R=8.5 \ \Omega$，$L=350 \ \mu F$。欲使电路对 550 kHz 的信号发生谐振，C 应为多大？

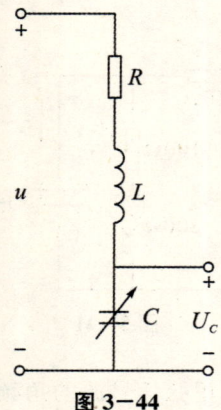

图 3-44

参考答案

第4章 三相交流电路

本章课件

知识导图

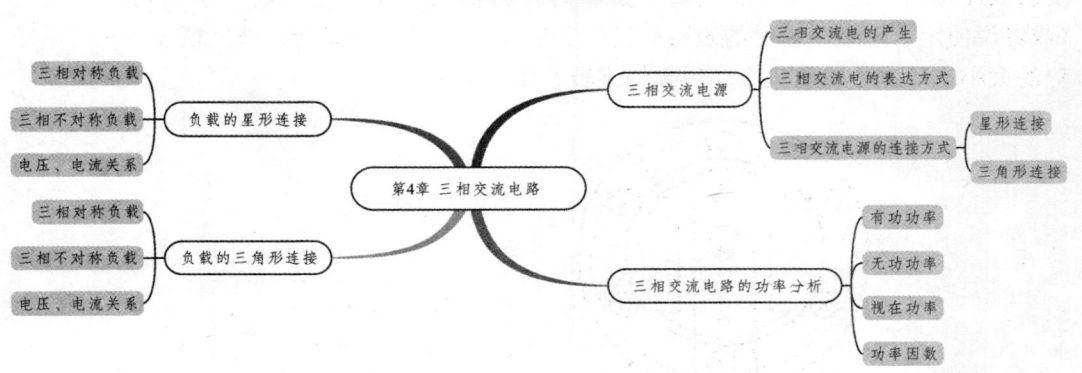

学习目标

- 能描述三相交流电路的基本概念。
- 能说出星形连接方式下线电压和相电压的关系，以及线电流、相电流和中性线电流的关系，并知晓中性线的作用。
- 能说出三角形连接方式下线电压和相电压的关系，以及线电流和相电流的关系。
- 会分析三相星形负载电路在有中性线和无中性线时的运行情况。
- 会连接三相负载电路，能测试三相交流电路的电压、电流和功率。

理论知识

4.1 三相交流电源

4.1.1 三相交流电源的产生

我国发电厂和电力网生产、输送和分配的交流电都是三相交流电。这是因为三相交流电具有许多优点。在发电设备方面,三相交流发电机比同样尺寸的单相交流发电机输出功率大;在输电方面,三相供电制较单相供电制节省材料;在用电方面,生产中广泛使用的三相交流电动机与直流电动机及其他类型的交流电动机相比,有性能优良、结构简单、价格低廉等优点。三相交流电的用途很多,工业中大部分交流用电设备,例如电动机,都采用三相交流电。而在日常生活中,多使用单相电源,也称为照明用电。当采用照明用电供电时,使用三相电中的一相给用电设备(例如家用电器)供电,而另外一根线是三相四线制中的第四根线,也就是零线,该零线从三相电源的中性点引出。

三相交流电是电能的一种输送形式,简称三相电。三相交流电源,是由三个频率相同、振幅相等、相位依次互差120°电角度的交流电动势组成的电源。

交流发电机的原理如图4-1所示。在发电机内部有一个由发动机带动的转子,转子可产生旋转磁场。磁场外有一个定子绕组,绕组由3组线圈构成(三相绕组),三相绕组彼此相隔120°电角度。当转子旋转时,旋转磁场使固定的定子绕组切割磁力线(或者说使定子绕组中通过的磁通量发生变化),从而产生电动势。线圈所能产生的电动势的大小和磁通量的变化率、磁极的旋转速度成正比。

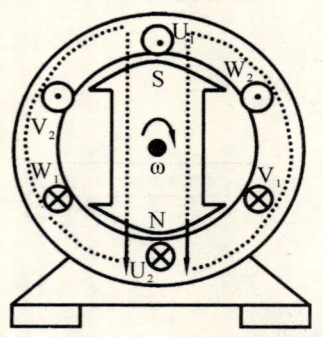
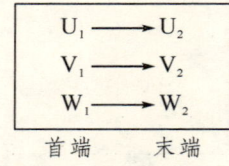

图4-1 三相交流发电机示意图

假设发电机的定子中放有三个相同的线圈,三个线圈的空间位置各差120°电角度。转子中装有磁极并以角速度 ω 旋转。三个线圈中便产生三个大小相等、频率相同、相位互差120°的电动势。U_1、V_1、W_1 分别为三个绕组的首端,U_2、V_2、W_2 分别为三个绕组的末端。在工程应用中,U相、V相、W相一般分别用黄、绿、红色来标记。按照 U、V、W 的顺序,以 U 相交流电压 e_U 作为参考正弦量,则 V 相电压 e_V 滞后 e_U 120°,W 相电压 e_W 滞后 e_V 120°或超前 e_U 120°。它们的解析式为

$$\left.\begin{aligned} e_U &= E_m\sin\omega t \\ e_V &= E_m\sin(\omega t - \frac{2\pi}{3}) \\ e_W &= E_m\sin(\omega t + \frac{2\pi}{3}) \end{aligned}\right\} \quad (4-1)$$

它们对应的相量为

$$\left.\begin{aligned} \dot{U}_U &= U\angle 0° \\ \dot{U}_V &= U\angle(-120°) \\ \dot{U}_W &= U\angle 120° \end{aligned}\right\} \quad (4-2)$$

从图 4-2 所示波形图和相量图可以看出，任一时刻对称三相电源电压的代数和为零，即

$$u_U + u_V + u_W = 0 \quad (4-3)$$

用相量表示即为

$$\dot{U}_U + \dot{U}_V + \dot{U}_W = 0 \quad (4-4)$$

在工程应用中，通常把三相正弦交流电压依次达到最大值（或相应零值）的先后顺序称为相序。相序又可分为正序和负序。若三相电压的相序依次为 U、V、W，则称为正序；反之，则称为负序。电力系统中一般采用正序运行。

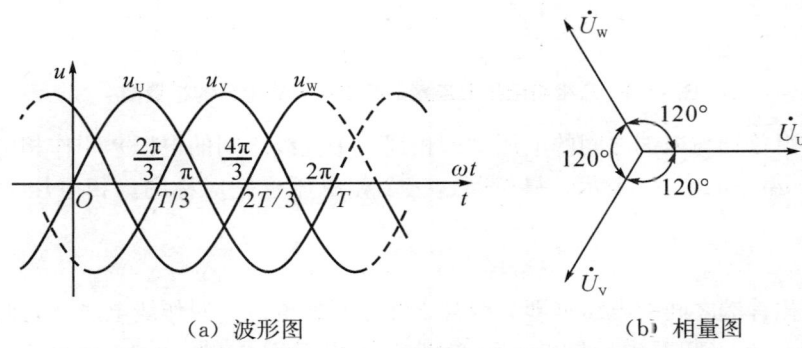

(a) 波形图　　　　　　(b) 相量图

图 4-2　对称三相电动势的波形图和旋转相量图

4.1.2　三相电源的连接

三相电源的三相绕组一般有两种连接方式，一种是星形（Y 形）连接，另一种是三角形（△形）连接。

1. 星形连接

将三相电源的三相绕组三个尾端（U_2、V_2、W_2）连接起来形成一个公共端 N，三个首端（U_1、V_1、W_1）作为电源的输出端，这种连接方式称为星形（Y 形）连接，如图 4-3 所示。

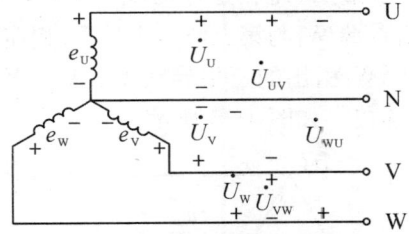

图 4-3　三相绕组的星形连接

从三相电源三个相端 U_1、V_1、W_1 引出的三根导线 U、V、W 叫作端线或相线，俗称火线。任意两根火线之间的电压叫作线电压。星形连接的公共端 N 叫作中性点，从中点引出的导线叫作中性线或零线。由三根相线和一根中性线组成的接线方式叫作三相四线制，通常在低压配电系统中采用。

星形接法的相量图如图 4-4 所示。

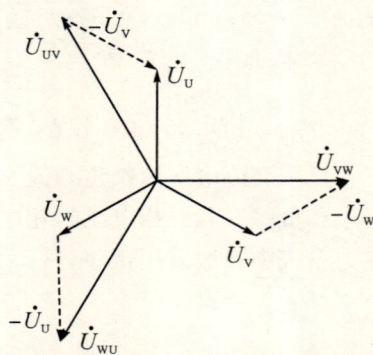

图 4-4 三相绕组星形连接的相电压与线电压的相量图

每相绕组首端与末端之间的电压（即相线与中性线之间的电压）叫作相电压，它们的瞬时值用 u_U、u_V、u_W 表示。显然，这三个相电压也是对称的。相电压大小（有效值）均为

$$U_U = U_V = U_W = U_P \tag{4-5}$$

任意两相首端之间的电压（即火线与火线之间的电压）叫作线电压，它们的瞬时值用 u_{UV}、u_{VW}、u_{WU} 来表示。显然，三个线电压也是对称的。线电压大小（有效值）均为

$$U_{UV} = U_{VW} = U_{WU} = U_L = \sqrt{3}U_P \tag{4-6}$$

即在对称三相电源的星形连接中，线电压 U_L 是相电压 U_P 的 $\sqrt{3}$ 倍，线电压超前对应的相电压 30°，线电流 I_L 等于相电流 I_P。

实际中，低压配电线上的火线与地线间的电压（即相电压）是 220 V，则火线与火线间的电压（即线电压）为

$$U_L = \sqrt{3}U_P = \sqrt{3} \times 220 = 380(\text{V}) \tag{4-7}$$

2. 三角形连接

将三相电源的三个绕组按相序首尾相连，构成三角形，即第二绕组首端 V_1 与第一绕组末端 U_2 相连，第三绕组首端 W_1 与第二绕组末端 V_2 相连，第一绕组首端 U_1 与第三绕组末端 W_2 相连，U_1、V_1、W_1 引出的三根导线 U、V、W 分别与负载相连，这种连接方式叫作三角形（△形）连接，如图 4-5 所示。

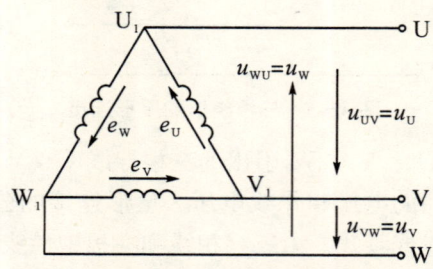

图 4-5 三相绕组的三角形连接

在三角形连接中，两根相线间的线电压就是各相绕组的相电压，即

$$u_{UV} = u_U;\ u_{VW} = u_V;\ u_{WU} = u_W$$

用相量形式可表示为

$$\left.\begin{array}{l}\dot{U}_{UV} = \dot{U}_U \\ \dot{U}_{VW} = \dot{U}_V \\ \dot{U}_{WU} = \dot{U}_W\end{array}\right\} \quad (4-8)$$

$$U_L = U_P \quad (4-9)$$

三相电源三角形连接的相量图如图4-6所示，可见，三个相电压的相量和为零，即

$$\dot{U}_U + \dot{U}_V + \dot{U}_W = 0 \quad (4-10)$$

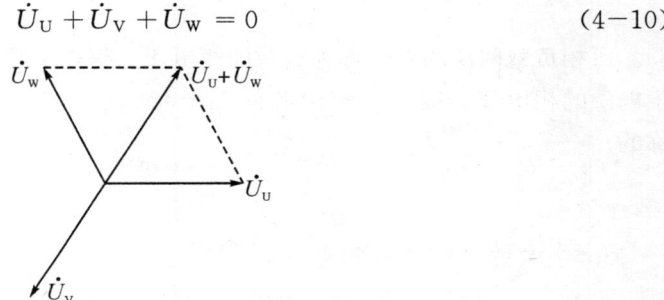

图4-6 三相绕组三角形连接的相电压与线电压的相量图

三相电源三角形连接时，要特别注意正确接线。如果有一相绕组首末端接错，使电源三角形回路内的总电压不为零，而且是单相电压的两倍，那么由于三相电源的内阻抗很小，在三相绕组中势必会产生很大的短路环流，将严重损坏电源绕组。

4.2 三相负载的连接

三相电路中，负载一般也是三相的，即由三个负载组成，每一个负载称为三相负载的一相。如果三个负载阻抗相同，则称为对称负载，否则称为不对称负载。三相负载也有星形（Y形）和三角形（△形）两种连接方式。

4.2.1 三相负载的星形（Y）连接

1. 连接方式

在三相负载中，如果每相负载的阻抗相等（电阻相等、电抗相等，而且性质相同），则称为三相对称负载。如图4-7所示，三相负载连接为星形（Y形）时，称为星形连接负载。如果三相负载不对称，应接成三相四线制；反之，三相负载对称，则可接成三相三线制。

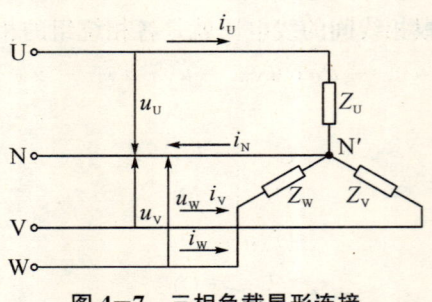

图 4-7 三相负载星形连接

2. 负载的线电压与相电压

每相负载两端的电压称为负载的相电压。三相负载星形连接电路中，负载相电压等于电源的相电压。因为三相电源的三个相电压是对称的，所以负载的相电压也是对称的。

$$U_L = \sqrt{3} U_P \tag{4-11}$$

3. 负载的线电流与相电流

在三相电路中，流过每条相线（端线）的电流称为线电流，用 i_U、i_V、i_W 表示，其参考方向是从电源指向负载，如图 4-7 所示，其有效值用 I_L 表示。流经每相负载的电流称为相电流，其有效值用 I_P 表示。在图 4-7 所示三相负载星形连接电路图中可以看出，各相的线电流就等于该相的相电流。

由相量形式的欧姆定律，可得各相的电流相量为

$$\left. \begin{array}{l} \dot{I}_U = \dfrac{\dot{U}_U}{Z_U} \\ \dot{I}_V = \dfrac{\dot{U}_V}{Z_V} \\ \dot{I}_W = \dfrac{\dot{U}_W}{Z_W} \end{array} \right\} \tag{4-12}$$

设三相负载的各相电阻分别为 R_U、R_V、R_W，电抗分别为 X_U、X_V、X_W，由阻抗三角形可推出各相阻抗 Z_U、Z_V、Z_W 的值为

$$|Z_U| = \sqrt{R_U^2 + X_U^2},\ |Z_V| = \sqrt{R_V^2 + X_V^2},\ |Z_W| = \sqrt{R_W^2 + X_W^2}$$

每相负载中的电流有效值为

$$\left. \begin{array}{l} I_U = \dfrac{U_U}{|Z_U|} = \dfrac{U_P}{|Z_U|} = \dfrac{U_L}{\sqrt{3}\,|Z_U|} \\ I_V = \dfrac{U_V}{|Z_V|} = \dfrac{U_P}{|Z_V|} = \dfrac{U_L}{\sqrt{3}\,|Z_V|} \\ I_W = \dfrac{U_W}{|Z_W|} = \dfrac{U_P}{|Z_W|} = \dfrac{U_L}{\sqrt{3}\,|Z_W|} \end{array} \right\} \tag{4-13}$$

每相负载的相电压和相电流的相位差为

$$\left.\begin{aligned} \varphi_U &= \arctan\frac{X_U}{R_U} \\ \varphi_V &= \arctan\frac{X_V}{R_V} \\ \varphi_W &= \arctan\frac{X_W}{R_W} \end{aligned}\right\} \qquad (4-14)$$

图 4-8 给出了各相电压、相电流及中性线电流在一般情况下的相量图。中性线电流的有效值相量表达式为

$$\dot{I}_N = \dot{I}_U + \dot{I}_V + \dot{I}_W \qquad (4-15)$$

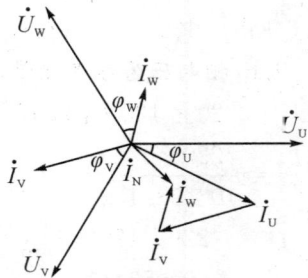

图 4-8　三相四线制电路各相电压、电流相量图

当三相负载对称，即 $Z_U = Z_V = Z_W = Z$ 时，由于其三相电压对称，所以三相电流也对称，就表现出各相电流大小相等、频率相同、相位互差 120° 的特点，即

$$\left.\begin{aligned} \dot{I}_U &= \frac{\dot{U}_U}{Z_U} = \frac{\dot{U}_U}{Z} = I_P\angle\varphi \\ \dot{I}_V &= \frac{\dot{U}_V}{Z_V} = \frac{\dot{U}_V}{Z} = I_P\angle(\varphi - 120°) \\ \dot{I}_W &= \frac{\dot{U}_W}{Z_W} = \frac{\dot{U}_W}{Z} = I_P\angle(\varphi - 120°) \end{aligned}\right\} \qquad (4-16)$$

三相负载星形连接，每相负载一端接相线，另一端接中性点，相线和负载中通过同一电流，所以各相电流等于各线电流。

$$I_L = I_P \qquad (4-17)$$

如果负载对称，则中性线电流为零，可表示为

$$\dot{I}_N = \dot{I}_U + \dot{I}_V + \dot{I}_W = 0 \qquad (4-18)$$

此时，由于中性线电流为零，有无中性线并不影响电路工作，所以中性线可省略，电路可采用三相三线制。

在不对称三相负载的星形连接电路中，中性线电流

$$I_N = I_U + I_V + I_W \neq 0 \qquad (4-19)$$

故不对称三相负载做星形连接时，必须采用三相四线制，即必须有中性线。中性线的作用是为不对称的三相负载提供对称的电源电压；也可为负载提供单相电源，使单相负载能正常工作；还可为负载提供接地端，保障电路安全运行。所以，规定中性线上不能接入熔断器或刀开关，而且要定期检查、维修，避免事故发生。

例 4-1　图 4-9(a) 所示电路为三相对称电路，其线电压 $U_L = 380$ V，每相负载

$R=6\,\Omega$,$X=8\,\Omega$。试以 L_1 相电压为参考相量,写出各相电压和电流的相量式,并画出相量图。

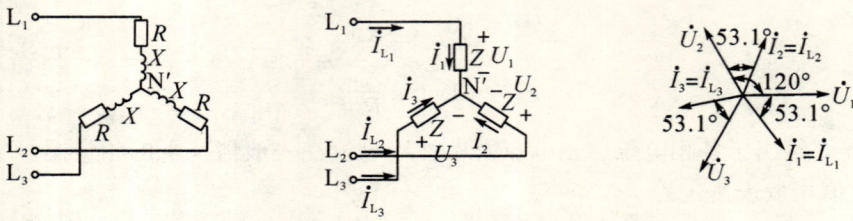

图 4-9 例 4-1 电路图

解:负载为星形连接,$Z=6+j8=10\angle 53.1°(\Omega)$,设备各相电流的参考方向如图 4-9(b)所示,相序为 1→3→2,以 L_1 相电压为参考相量,则

$$\dot{U}_1=220\angle 0°(V),\dot{U}_2=220\angle 120°(V),\dot{U}_3=220\angle -120°(V)$$

$$\dot{I}_1=\dot{I}_{L_1}=\frac{\dot{U}_1}{Z}=\frac{220\angle 0°}{10\angle 53.1°}=22\angle(-53.1°)(A)$$

$$\dot{I}_2=\dot{I}_{L_2}=\frac{\dot{U}_2}{Z}=\frac{220\angle 120°}{10\angle 53.1°}=22\angle 66.9°(A)$$

$$\dot{I}_3=\dot{I}_{L_3}=\frac{\dot{U}_3}{Z}=\frac{220\angle(-120°)}{10\angle 53.1°}=22\angle(-173°)(A)$$

即各相电压为 220 V,相电流和线电流都为 22 A。电压和电流的相量图如图 4-9(c)所示。

例 4-2 如图 4-10 所示,照明系统发生故障。试分析下列情况:

(1) U 相短路:中性线未断时,求各相负载电压;
　　　　　　　中性线断开时,求各相负载电压。

(2) U 相断路:中性线未断时,求各相负载电压;
　　　　　　　中性线断开时,求各相负载电压。

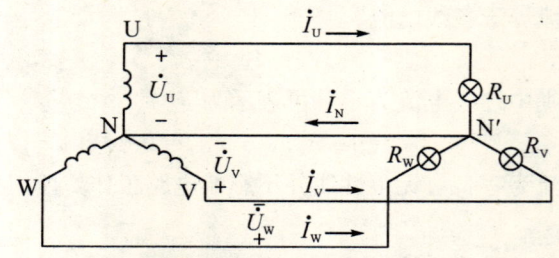

图 4-10 例 4-2 电路图

解:(1) U 相短路。

①中性线未断:此时 U 相短路电流很大,将 U 相熔断丝熔断,而 V 相和 W 相未受影响,其相电压仍为 220 V,正常工作。

②中性线断开:此时负载中性点 N' 即 U 端,因此负载各相电压为

$$U'_U = 0$$
$$U'_V = U_{VU} = 380 \text{ V}$$
$$U'_W = U_{WU} = 380 \text{ V}$$

在此情况下，W 相和 V 相的电灯所承受的电压都超过额定电压（220 V），这是不允许的。

（2）U 相断路。

①中性线未断：V、W 相的电灯仍承受 220 V 电压，正常工作。

②中性线断开：此时变为单相电路，由图 4-11 可求得

$$I = \frac{U_{VW}}{R_V + R_W}, \quad U'_U = R_U I, \quad U'_V = R_V I$$

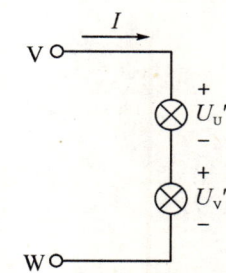

图 4-11 等效的单相串联电路

结论：

①不对称负载星形连接且未接中性线时，负载相电压不再对称。

②中性线的作用：保证星形连接三相不对称负载的相电压对称。

③照明负载三相不对称，必须采用三相四线制供电方式，且中性线（指干线）上不允许接熔断器或刀开关。

4.2.2 三相负载的三角形（△形）连接

三相负载的三角形（△形）连接如图 4-12 所示。

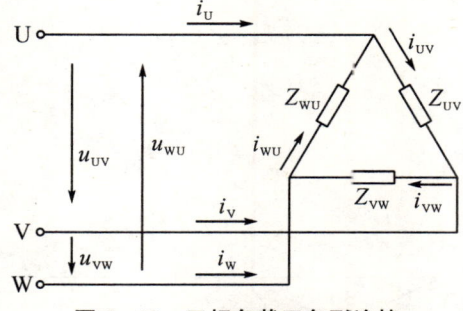

图 4-12 三相负载三角形连接

1. 负载的线电压与相电压

三相负载的三角形连接中，每相负载接在两根相线之间，因此负载的相电压就是对

称电源的线电压,即相电压与线电压相等。

$$U_L = U_P \tag{4-20}$$

2. 负载的线电流与相电流

如图 4-12 所示电路中,规定三角形连接的负载相电流的参考方向与相电压的参考方向一致,用 i_{UV}、i_{VW}、i_{WU} 表示。由基尔霍夫电流定律可知,线电流与相电流的关系为

$$\left.\begin{array}{l} i_U = i_{UV} - i_{WU} \\ i_V = i_{VW} - i_{UV} \\ i_W = i_{WU} - i_{VW} \end{array}\right\} \tag{4-21}$$

用相量表示,则为

$$\left.\begin{array}{l} \dot{I}_U = \dot{I}_{UV} - \dot{I}_{WU} \\ \dot{I}_V = \dot{I}_{VW} - \dot{I}_{UV} \\ \dot{I}_W = \dot{I}_{WU} - \dot{I}_{VW} \end{array}\right\} \tag{4-22}$$

每相负载的相电流相量为

$$\left.\begin{array}{l} \dot{I}_{UV} = \dfrac{\dot{U}_{UV}}{Z_{UV}} \\ \dot{I}_{VW} = \dfrac{\dot{U}_{VW}}{Z_{VW}} \\ \dot{I}_{WU} = \dfrac{\dot{U}_{WU}}{Z_{WU}} \end{array}\right\} \tag{4-23}$$

$$\varphi_{UV} = \varphi_{VW} = \varphi_{WU} = \varphi = \arctan\dfrac{X}{R}$$

当各相负载对称时,三相相电流是对称的,三相线电流也是对称的。作出线电流、相电流的相量图,如图 4-13 所示。从相量图看,线电流总是滞后对应的相电流 30°,其大小关系为

$$\left.\begin{array}{l} \dot{I}_U = \sqrt{3}\,\dot{I}_{UV} \angle(-30°) \\ \dot{I}_V = \sqrt{3}\,\dot{I}_{VW} \angle(-30°) \\ \dot{I}_W = \sqrt{3}\,\dot{I}_{WU} \angle(-30°) \end{array}\right\} \tag{4-24}$$

即线电流与相电流满足关系:$I_L = \sqrt{3}\,I_P$。

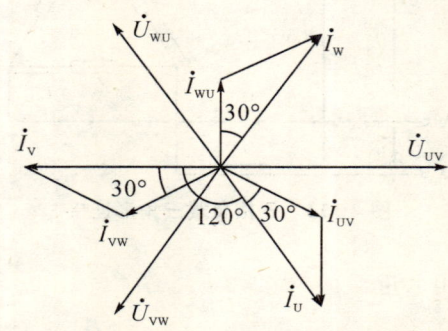

图 4-13 三相对称负载的三角形连接相量图

三相电动机绕组可以连接成星形,也可以连接成三角形,而照明负载一般都连接成星形(具有中性线)。

例 4-3 图 4-14 所示电路中,电流表在正常工作时的读数是 26 A,电压表读数是 380 V,电源电压对称。在下列情况之一时,求各相的负载电流:① 正常工作;② L_1-L_2 相负载断路;③ L_1 相线断路。

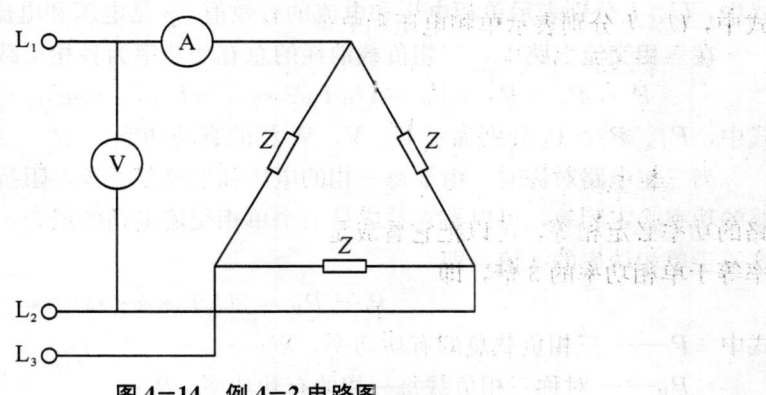

图 4-14 例 4-2 电路图

解:①正常工作时,由于三相负载对称,故 $I_P = I_L/\sqrt{3} = 26/\sqrt{3} \approx 15(\text{A})$,即各相负载电流均为 15 A。

② L_1-L_2 相负载断路时,其他两相负载电压不变,即 $I_{12}=0$,$I_{23}=I_{31}=15$ A。

③ L_1 相线断路时,L_{23} 相负载电压不变,电流亦不变,即 $I_{23}=15$ A,此时 L_{12} 相和 L_{31} 相负载串联后承受电压 U_{23},故电流下降一半,即 $I_{12}=I_{31}=15/2=7.5$ A。

4.2.3 三相负载的连接原则

三相负载采用哪种连接方法,要根据负载的额定电压和电源电压确定。

(1) 若电源提供的电压=负载的额定电压,应做三角形连接;若负载的额定电压=$1/\sqrt{3}$×电源线电压,应做星形连接。

(2) 单相负载应尽量均衡地分配到三相电源上,如图 4-15 所示。

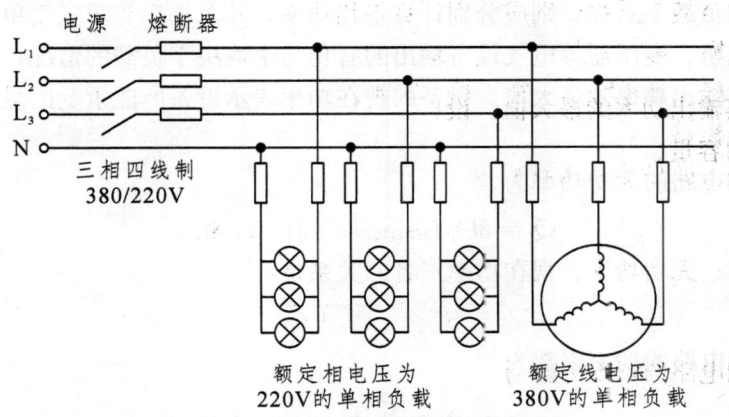

图 4-15 三相负载连接电路图

4.3 三相交流电路的功率

在单相交流电路中，负载的有功功率是
$$P = UI\cos\varphi \tag{4-25}$$
式中，U、I 分别表示单相电压和电流的有效值，φ 是电压和电流之间的相位差。

在三相交流电路中，三相负载消耗的总有功功率为各相负载消耗有功功率之和，即
$$P = P_1 + P_2 + P_3 = U_{1P}I_{1P}\cos\varphi_{1P} + U_{2P}I_{2P}\cos\varphi_{2P} + U_{3P}I_{3P}\cos\varphi_{3P} \tag{4-26}$$
式中，P_1、P_2、P_3 分别表示 U、V、W 相的有功功率，

当三相电路对称时，由于每一相的电压和电流都相等，阻抗角也相同，所以各相电路的功率必定相等，可以把它看成是三个单相交流电路的组合，因此三相交流电路的功率等于单相功率的 3 倍，即
$$P = P_P = 3U_P I_P \cos\varphi_P \tag{4-27}$$
式中　P——三相负载总的有功功率，W；

P_P——对称三相负载每一相的有功功率，W；

U_P——负载的相电压，V；

I_P——负载的相电流，A；

φ_P——对称负载的阻抗角，即负载相电压与相电流之间的相位差。

无论负载为星形或三角形连接，每相有功功率都应为
$$P = U_P I_P \cos\varphi_P$$

对称负载星形连接时：　　$U_P = \dfrac{1}{\sqrt{3}}U_L,\ I_P = I_L$

对称负载三角形连接时：　　$U_P = U_L,\ I_P = \dfrac{1}{\sqrt{3}}I_L$

所以，
$$P = 3U_P I_P \cos\varphi_P = \sqrt{3}U_L I_L \cos\varphi_P \tag{4-28}$$
对称三相电路的视在功率为
$$S = 3U_P I_P = \sqrt{3}U_L I_L \tag{4-29}$$
如果三相负载不对称，则应分别计算各相功率，其总功率等于三个单相功率之和。

由于发电机、变压器等电气设备输出的有功功率取决于负载的情况，因此通常用视在功率表示其输出功率的最大值。设备的视在功率表示设备所能承受的最大功率，也称为电气设备的容量。

对称三相电路的无功功率为
$$Q = 3U_P I_P \sin\varphi = \sqrt{3}U_L I_L \sin\varphi \tag{4-30}$$
有功功率、无功功率、视在功率三者的关系是：
$$S = \sqrt{P^2 + Q^2} \tag{4-31}$$
对称三相电路的功率因数为
$$\lambda = \frac{P}{S} = \cos\varphi \tag{4-32}$$

例 4-4 有一对称三相负载,每相电阻为 $R=6\ \Omega$,电抗 $X=8\ \Omega$,三相电源线电压为 380 V。求:①负载为星形连接时的功率 P_Y;②负载为三角形连接时的功率 $P_\triangle$。

解:每相阻抗均为 $|Z|=\sqrt{6^2+8^2}=10(\Omega)$

功率因数 $\lambda=\cos\varphi=\dfrac{R}{|Z|}=0.6$

①负载为星形连接时:

相电压 $U_{YP}=\dfrac{U_L}{\sqrt{3}}=\dfrac{380}{\sqrt{3}}=200(V)$

线电流等于相电流,即 $I_{YL}=I_{YP}=\dfrac{U_{YP}}{|Z|}=\dfrac{220}{10}=22(A)$

负载功率为 $P_Y=\sqrt{3}U_{YL}I_{YL}\cos\varphi=8.7(kW)$

②负载为三角形连接时:

相电压等于线电压 $U_{\triangle P}=U_N=380(V)$

相电流 $I_{\triangle L}=\dfrac{U_{\triangle P}}{|Z|}=38(A)$

线电流 $I_{\triangle L}=\sqrt{3}I_{\triangle P}=66(A)$

负载功率为 $P_\triangle=\sqrt{3}U_{\triangle L}I_{\triangle L}\cos\varphi=26.1(kW)$

例 4-5 三相对称负载为三角形连接,线电压为 380 V,线电流为 17.3 A,三相总功率为 4.5 kW。求每相负载的电阻和电抗。

解:功率因数 $\cos\varphi=\dfrac{P}{\sqrt{3}U_L I_L}=\dfrac{4500}{\sqrt{3}\times 380\times 17.3}=0.417$

相电流 $I_P=I_L/\sqrt{3}\approx 17.3/\sqrt{3}\approx 10(A)$

每相负载的阻抗 $|Z|=U_P/I_P=380/10=38(\Omega)$

每相负载的电阻 $R=|Z|\cos\varphi=38\times 0.417\approx 15.8(\Omega)$

每相负载的电抗 $X=\sqrt{|Z|^2-R^2}=\sqrt{38^2-15.8^2}\approx 34.6(\Omega)$

实践任务

实验 8 基于 Multisim 的三相交流电路测量

一、实验目的

(1) 掌握三相负载做星形连接、三角形连接的方法,分别验证这两种接法的线电压和相电压、线电流和相电流之间的关系。

(2) 测量对称负载的电压、电流。

(3) 测量非对称负载的电压、电流。

(4) 观察分析三相四线制供电系统中，当负载不对称时中性线的作用。

二、实验原理

(1) 当三相对称负载做星形连接时，线电压 U_L 是相电压 U_P 的 $\sqrt{3}$ 倍，线电流 I_L 等于相电流 I_P，即 $U_L = \sqrt{3} U_P$，$I_L = I_P$。在这种情况下，流过中性线的电流 $I_N = 0$，所以也可省去中性线。

(2) 当三相不对称负载做星形连接时，必须采用三相四线制接法，而且中性线必须牢固连接，以保证三相不对称负载的每相电压维持对称。

若中性线断开，会导致三相负载电压不对称，致使负载轻的那一相的相电压过高，使负载损坏；负载大的一相的相电压又过低，使负载不能正常工作。尤其是对于三相照明负载，应无条件采用三相四线制接法。

(3) 将三个负载的首尾依次相连，再将三个连接点分别与三相电源的相线 U、V、W 相连，即构成负载的三角形连接。

(4) 当三相对称负载做三角形连接时，负载的相电压等于电源的线电压，而负载的相电流显然与线电流是不相等的，即 $U_L = U_P$，$I_L = \sqrt{3} I_P$。

(5) 当三相不对称负载做三角形连接时，$I_L \neq \sqrt{3} I_P$，但只要电源的线电压 U_L 对称，加在三相负载上的电压仍是对称的，对各相负载工作均没有影响。

三、实验设备

实验设备清单见表 4-1。

表 4-1 实验设备清单

序号	名称	型号与规格	数量	模块
1	Multisim 软件		1	
2	可调三相交流电源	0~1000 V	1	
3	万用表	0~200 mA，0~200 V	4	
4	开关		1	
5	三相灯组负载	120 V/100 W 白炽灯	9	

四、实验内容

1. 三相负载星形连接（三相四线制供电）

（1）按照图 4-16 放置器件并接线，设置三相线电压为 120 V。

（2）三相负载对称，测量有中性线（开关 S7 闭合）和无中性线（开关 S7 断开）时的线电压、相电压、线电流、相电流、中性线电压和中性线电流，并将各测量数据填入表 4-2 中。

（3）三相负载不对称，将 A、B、C 三相中任意一相的灯组开关断开 1 个，记录各组是几盏灯。测量有中性线（开关 S7 闭合）和无中性线（开关 S7 断开）时的线电压、相电压、线电流、相电流、中性线电压和中性线电流，并将各测量数据填入表 4-2 中。

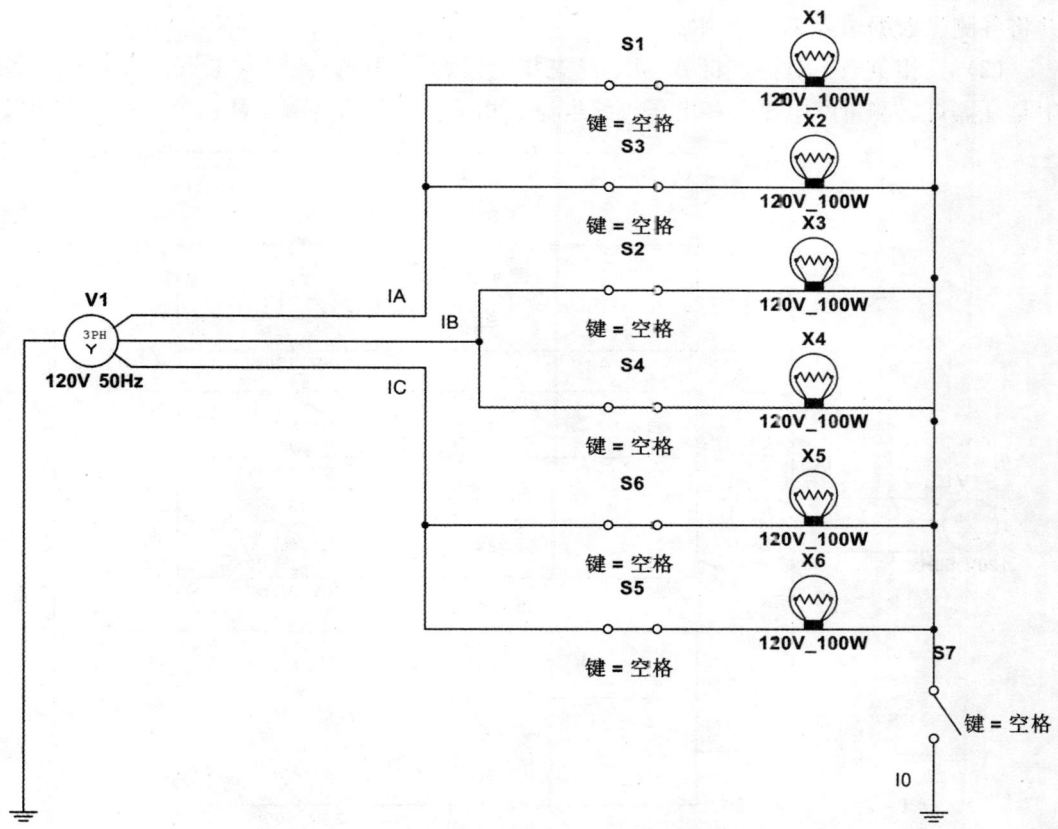

图 4-16 三相负载星形连接实验电路

仿真电路源文件

表 4-2　三相负载星型连接时实验数据记录表

负载情况		线电压/V			相电压/V			线电流＝相电流/A			中性线电流/A	中性线电压/V
		U_{AB}	U_{BC}	U_{CA}	U_A	U_B	U_C	I_A	I_B	I_C		
对称负载	有中性线											
	无中性线											
不对称负载	有中性线											
	无中性线											

2. 三相负载三角形连接（三相三线制供电）

（1）按照图 4-17 放置器件并接线，设置三相线电压为 120 V。

（2）三相负载对称，各灯组开关均闭合，测量线电压、相电压、线电流、相电流，并将各测量数据填入表 4-3 中。

（3）三相负载不对称，将 A、B、C 三相中任意一相的灯组开关断开 1 个，记录各组是几盏灯。测量线电压、相电压、线电流、相电流，并将各测量数据填入表 4-3 中。

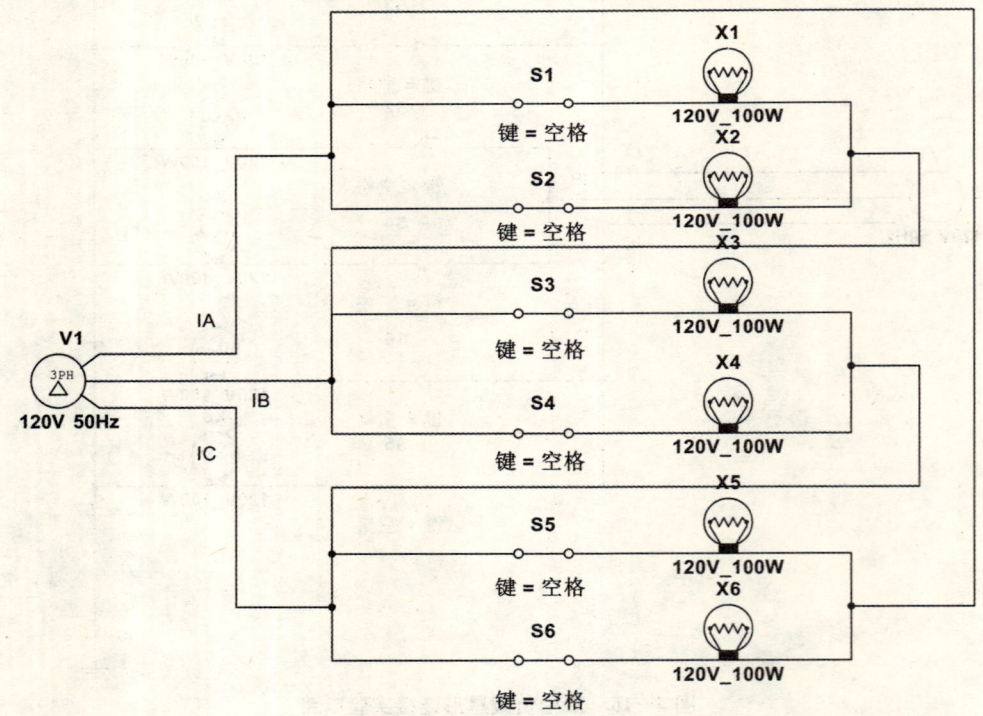

图 4-17　三相负载三角形连接实验电路

仿真电路源文件

表 4—3　三相负载三角形连接时实验数据记录表

负载情况	线电压＝相电压/V			线电流/A			相电流/A		
	U_{AB}	U_{BC}	U_{CA}	I_A	I_B	I_C	I_{AB}	I_{BC}	I_{CA}
对称负载									
不对称负载									

五、实验报告

（1）整理测量数据，填写实验表格，分析实验结果。

（2）用实验测得的数据验证三相对称负载电路中，负载为星形连接时线电压和相电压之间的关系，以及负载为三角形连接时线电流和相电流之间的关系。

（3）根据实验数据绘制各种负载情况下的电压、电流相量图，并与各计算值相比较。

（4）根据实验数据和观察到的现象，总结三相四线制供电系统中中性线的作用。

（5）不对称三角形连接的负载能否正常工作？实验结果能否证明这一点？

思考练习

一、填空题

1. 三相交流电源是由三个_____相等，_____相同，而相位互差_____的对称三相电动势构成。

2. 在三相低压配电系统中，相线与中性线之间的电压称为_____；相线与相线之间的电压称为_____。

3. 三相负载有_____和_____两种基本连接方式。

4. 三相对称负载星形连接时，其线电流 I_L 与相电流 I_P 的关系为_____。

二、判断题

1. 三相交流电路的视在功率等于有功功率和无功功率之和。（　　）

2. 在三相交流电路中，相线与中性线之间的电压称为线电压。（　　）

3. 在三相交流电路中，当负载为星形连接时，其相电压等于线电压。（　　）

4. 在三相交流电路中，当负载为三角形连接时，其相电压等于线电压。（　　）

5. 当负载为星形连接时，必须有中性线。（　　）

6. 当负载为星形连接时，线电流必等于负载相电流。（　　）

7. 当负载为星形连接时，电源线电压必为各相负载电压的 $\sqrt{3}$ 倍。（　　）

三、选择题

1. 在负载为星形连接的三相对称电路中，相电流的相位（　　）。
   A. 超前线电流 30°　　　　　　　　B. 滞后线电流 30°
   C. 与线电流同相　　　　　　　　　D. 与线电流反相

2. 在负载为星形连接的三相对称电路中，中性线电流等于（　　）。
   A. 相电流的 $\sqrt{3}$ 倍　　　　　　B. 线电流的 $\sqrt{3}$ 倍
   C. 相电流的 3 倍　　　　　　　　　D. 0

3. 三相对称负载为三角形连接时，相电压等于线电压且相电流（　　）线电流。
   A. 等于　　　　　　　　　　　　　B. 等于 $\sqrt{3}$ 倍
   C. 等于 3 倍　　　　　　　　　　　D. 等于 $1/\sqrt{3}$ 倍

四、简答题

1. 三相四线制供电系统中，中性线的作用是什么？

2. 若三相负载的阻抗相等，即 $|Z_U|=|Z_V|=|Z_W|$，能否说这三相负载一定是对称的？为什么？

3. 三相四线制照明电路中，设 A 相接 4 盏"220 V/25 W"的白炽灯，B 相接 3 盏"220 V/100 W"的白炽灯，C 相中没有负载，这时两组白炽灯都能正常发光。如果不慎将中性线断开，这两组白炽灯还能否正常发光？会出现什么现象？试通过分析计算来说明。

4. 对称三相负载做三角形连接，在三根火线上串入三个电流表来测量线电流的数值。在线电压 380 V 下，各电流表读数均为 26 A。若 A、B 相之间的负载发生断路，三个电流表的读数各变为多少？当发生 A 相火线断开故障时，各电流表的读数又是多少？

5. 指出图 4—18 所示电路各表读数。已知 V_1 表的读数为 380 V。

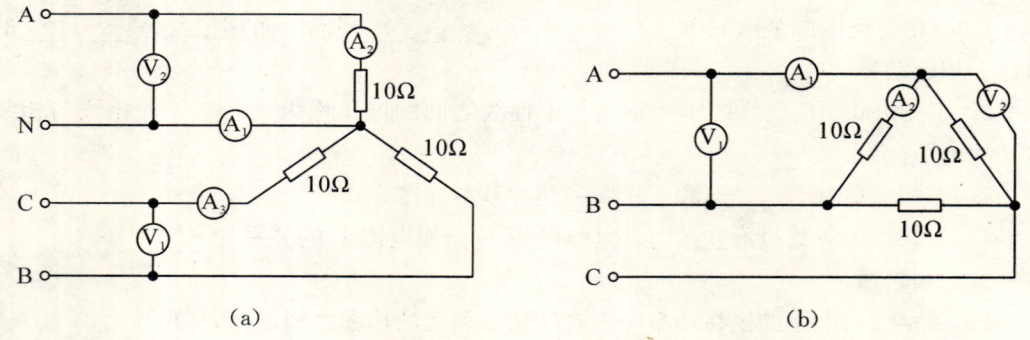

图 4—18

五、计算题

1. 某地铁照明设备采用三相供电系统，其中性线电压为 380 V，三组照明灯接成三相对称星形电路，每组照明灯阻抗为 $Z=(8+j6)$ Ω。求：①相电压和相电流；②线电流；③三相负载总的有功功率 P、无功功率 Q 和视在功率 S。

2. 已知三相负载为三角形连接，每相负载阻抗 $Z=(30+j40)$ Ω，接在线电压为

380 V 的对称三相电源上。求：①相电压和相电流；②线电流；③三相负载总的有功功率 P、无功功率 Q 和视在功率 S。

3. 三相四线制电路中，已知线电压为 $U_L = 380$ V，不对称星形连接的负载分别为 $Z_A=(3+j5)$ Ω，$Z_B=(2+j4)$ Ω，$Z_C=(3+j4)$ Ω。求相电流和中性线电流。

参考答案

第 5 章　磁路与变压器

本章课件

知识导图

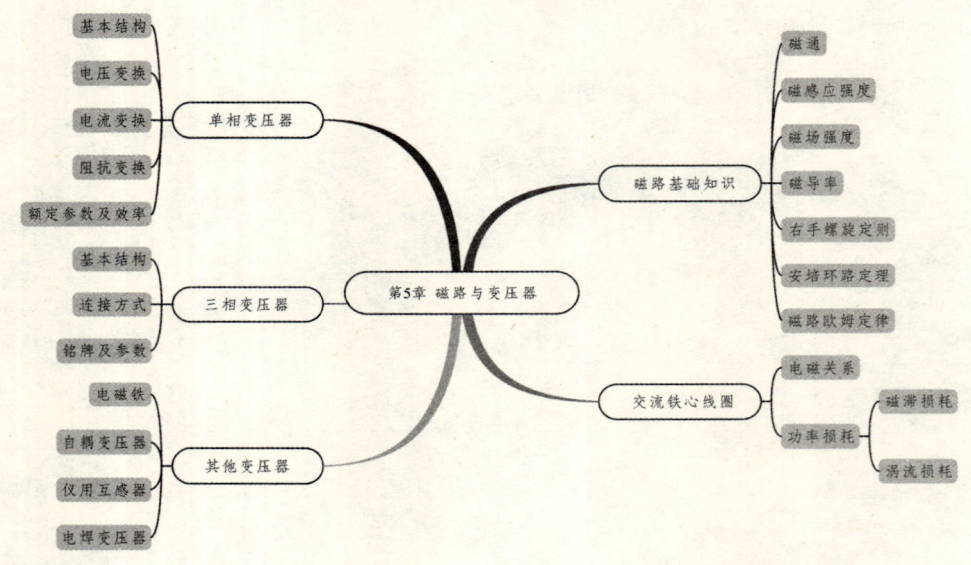

学习目标

- 理解磁路的性质及磁场基本概念；
- 掌握单相变压器的测试及应用方法；
- 了解三相变压器及其他特种变压器的应用。

理论知识

5.1 磁路基础知识

5.1.1 磁场的基本物理量

1. 磁通 Φ

设在磁感应强度为 B 的匀强磁场中,有一个面积为 S 且与磁场方向垂直的平面,则磁感应强度 B 与面积 S 的乘积,叫作穿过这个平面的磁通量,简称磁通(Magnetic Flux)。它是一个标量,符号为 Φ,单位为韦伯(Wb)。

通过某一平面的磁通量的大小,可以用通过这个平面的磁感线的多少来形象地说明。在同一磁场中,磁感应强度越大的地方,磁感线越密。

注意:$\Phi = BS$ 的适用条件是 B 与 S 平面垂直,当 S 与 E 的垂面存在夹角 θ 时,$\Phi = BS\cos\theta$。

2. 磁感应强度 B

磁感应强度是表示磁场中某一点磁场强弱和方向的物理量。它的方向与产生该磁场的励磁电流的方向之间遵循右手螺旋定则。磁感应强度是矢量,常用符号 B 表示,国际单位为特斯拉(T)。其大小可用垂直通过单位面积的磁感线数量来确定。即

$$B = \frac{\Phi}{S} \tag{5-1}$$

3. 磁场强度 H

磁场中某点的磁感应强度 B 与同一点的磁导率 μ 的比值为该点的磁场强度 H,即

$$H = \frac{B}{\mu} \tag{5-2}$$

磁场强度的单位是安/米(A/m)。

4. 磁导率 μ

磁导率 μ 是衡量物质导磁能力的物理量,其单位是亨利/米(H/m)。真空的磁导率用 μ_0 表示,$\mu_0 = 4\pi \times 10^{-7}$ H/m。

通常使用的是磁介质的相对磁导率,其定义为磁导率 μ 与真空磁导率 μ_0 之比,即

$$\mu_r = \frac{\mu}{\mu_0} \tag{5-3}$$

5.1.2 安培定则

安培定则,也叫右手螺旋定则,是表示电流和电流所激发磁场的磁感线方向之间关

系的定则。

通电直导线中的安培定则（安培定则一）：用右手握住通电直导线，让大拇指指向电流的方向，那么四指指向的就是磁感线的环绕方向，如图 5-1(a) 所示。

通电螺线管中的安培定则（安培定则二）：用右手握住通电螺线管，让四指指向电流的方向，那么大拇指所指的那一端是通电螺线管的 N 极，如图 5-1(b) 所示。

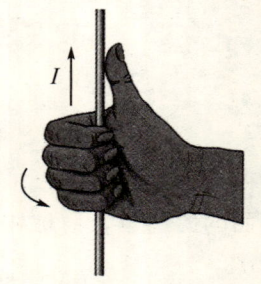 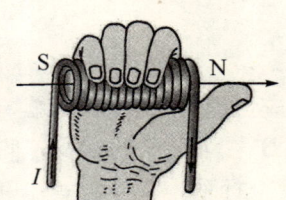

（a）通电直导线中的安培定则　　（b）通电螺线管中的安培定则

图 5-1　安培定则

5.1.3　磁路和磁路定律

1. 磁路

很多电气设备中都需要较强的磁场或较大的磁通。由于铁磁材料的磁导率远比非铁磁材料的磁导率大，故通常将铁磁材料做成闭合或近似闭合的环路，即铁心。对绕在铁心上的线圈通以较小的电流（励磁电流）便能得到较强的磁场，磁通的绝大部分通过铁心构成回路，这种磁通的路径称为磁路。图 5-2 所示为环形磁路。

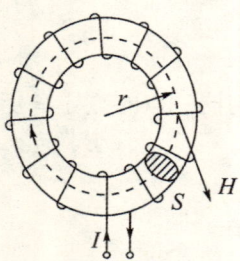

图 5-2　环形磁路

2. 磁路定律

（1）安培环路定理。

对图 5-2 所示的环形线圈来说，沿着任何一条闭合曲线 L，磁场强度 H 的线积分恰好等于该闭合曲线内所有电流的代数和，这就是安培环路定理。其数学表达式如下：

$$\oint_L H \cdot \mathrm{d}l = \sum i \tag{5-4}$$

假设环路内磁场强度处处相等，方向总是与闭合曲线 L 的切线方向一致，环内电流方向相同、大小相等，则式（5-4）可简写为：
$$HL = NI \tag{5-5}$$
式中，L 为磁路的平均长度，N 为线圈的匝数。

（2）磁路欧姆定律。

将式（5-1）、（5-2）代入式（5-5）得

$$NI = HL = \frac{\Phi}{S\mu}L$$

$$\Phi = \frac{IN}{\dfrac{L}{\mu S}} = \frac{F}{R_m} \tag{5-6}$$

式中，$F = IN$，称为磁动势，R_m 称为磁阻，式（5-6）称为磁路欧姆定律。

5.2 铁心线圈

5.2.1 直流铁心线圈

直流电机、直流电磁铁以及其他直流电磁器件的线圈都是直流铁心线圈。由于直流铁心线圈的励磁电流是直流，其大小和方向都不随时间变化，所以它产生的磁通的大小和方向也不随时间变化，为恒定磁通。通常直流铁心线圈的铁心多用整块的铸铁、铸钢等制成，而且线圈的导线很细，匝数较多，因而直流电阻较大。图 5-3 所示即直流铁心线圈示意图。

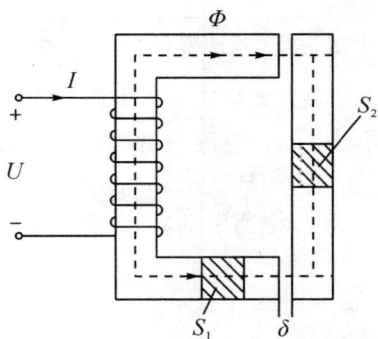

图 5-3 直流铁心线圈示意图

1. 电磁关系

由欧姆定律 $I = \dfrac{U}{R}$ 可知，直流铁心线圈中的励磁电流 I 由外加电压 U 和励磁线圈的电阻 R 决定，与磁路无关。

由磁路欧姆定律 $\Phi = \dfrac{IN}{R_m}$ 可知，直流铁心线圈中的磁通 Φ 由线圈的磁动势 IN 和铁心的磁阻 R_m 决定。

2. 功率损耗

由 $P = I^2R$ 可知，直流铁心线圈的功率损耗 ΔP 由线圈的电阻 R 和通过线圈的电流 I 决定。因磁通恒定，铁心中没有功率损耗。

5.2.2 交流铁心线圈

假设交流铁心线圈由正弦交流电励磁，其磁通的大小和方向随时间按正弦规律变化，因此它内部的电磁关系、电流－电压关系等与直流铁心线圈有很大的不同。

1. 电磁关系

图 5－4 所示为一交流铁心线圈，对线圈加上交流电压 u 后，线圈中就产生了电流 i 及磁动势 Ni。磁动势产生的磁通绝大部分通过铁心而闭合，这部分磁通称为主磁通 Φ；另外还有很少一部分磁通通过空气或其他非铁磁物质而闭合，这部分磁通称为漏磁通 Φ_σ。这两部分磁通分别在线圈中感应出电动势 e 和 e_σ。

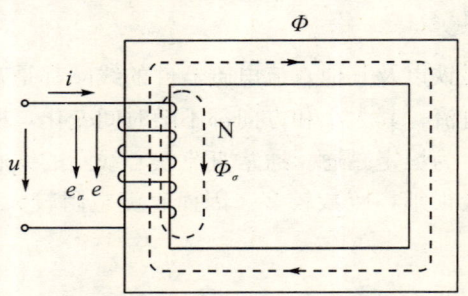

图 5－4　交流铁心线圈示意图

设线圈电阻为 R，电流的参考方向与磁通、电压、电动势的参考方向都是关联参考方向，由基尔霍夫电压定律可得电压、电流与电动势之间的关系为

$$u - iR + e + e_\sigma = 0 \tag{5-7}$$

由于线圈电阻上的压降 iR 和漏磁通电动势 e_σ 都很小，与主磁通电动势 e 相比均可忽略不计，故上式可写为

$$u \approx -e$$

设主磁通 $\Phi = \Phi_m \sin\omega t$，则有

$$e = -N\frac{d\Phi}{dt} = -\omega N\Phi_m \cos\omega t = 2\pi f N\Phi_m \sin(\omega t - 90°) \tag{5-8}$$

因此，有 $E_m = 2\pi f N\Phi_m$，是主磁通电动势的最大值，其有效值为

$$E = \frac{E_m}{\sqrt{2}} = \frac{2\pi f N\Phi_m}{\sqrt{2}} \approx 4.44 f N\Phi_m \tag{5-9}$$

故有

$$\Phi_m = \frac{E}{4.44 fN} \approx \frac{U}{4.44 fN} \tag{5-10}$$

可见交流铁心线圈的磁通最大值由电源电压、频率及线圈匝数决定，而与磁路无关。

2. 功率损耗

在交流铁心线圈电路中，除了在线圈电阻上有功率损耗外，铁心中也会有功率损耗。线圈上损耗的功率 I^2R 称为铜损耗，用 ΔP_{Cu} 表示；铁心中的功率损耗称为铁损耗，用 ΔP_{Fe} 表示，铁损耗包含磁滞损耗和涡流损耗两部分。

(1) 磁滞损耗 ΔP_h。

在磁性材料反复磁化和去磁过程中，由励磁电流形成的外磁场不断驱使铁心内部磁畴改变方向，磁畴改变方向时要克服一定的阻力，因此要消耗一定的能量，这就是磁滞损耗。

实验证明，磁滞损耗与磁滞回线所包围的面积成正比。为了减小磁滞损耗，应选磁滞回线面积小的磁性材料制造铁心，所以交流铁心均由软磁材料制成。

(2) 涡流损耗 ΔP_e。

由铁心中的涡流引起的损耗称为涡流损耗，用 ΔP_e 表示。磁性材料不仅有导磁能力，同时也有导电能力，因而在交变磁通作用下铁心内将产生感应电动势和感应电流。感应电流在垂直于磁通的铁心平面内围绕磁感线呈旋涡状，故称为涡流。铁心具有一定的电阻，涡流的存在使得铁心发热，其功率损耗为涡流损耗。

综上所述，交流铁心线圈的功率损耗为

$$\Delta P = \Delta P_{Cu} + \Delta P_{Fe} = I^2R + \Delta P_h + \Delta P_e \tag{5-11}$$

5.3 单相变压器

变压器是利用电磁感应原理制成的一种静止的电气设备，能将一种等级的交流电变换为同频率的另一种等级的交流电。

变压器在许多工程领域具有广泛的应用。例如，在电力系统中使用的电力变压器，起着重要的升压或降压作用；在测量系统和自动控制系统中使用的互感器，可以将大电流变为小电流，将高电压变为低电压；在实验室中使用的调压变压器，可以方便地调节电压；用于电弧焊接的电焊变压器，具有陡降的输出特性；用于电子扩音电路的变压器，可进行阻抗匹配；用于通信领域的脉冲变压器，可以传送脉冲波。

5.3.1 变压器的基本结构

变压器主要由铁心和绕组两大部分组成。其常见的结构形式有两类：心式变压器和壳式变压器。心式变压器如图 5-5(a) 所示，其特点是绕组包围铁心，用铁量较少，构造简单，绕组的安装和绝缘处理比较容易，因此多用于容量较大的变压器。壳式变压器如图 5-5(b) 所示，其特点是铁心包围绕组，用铜量较少，多用于小容量的变压器。

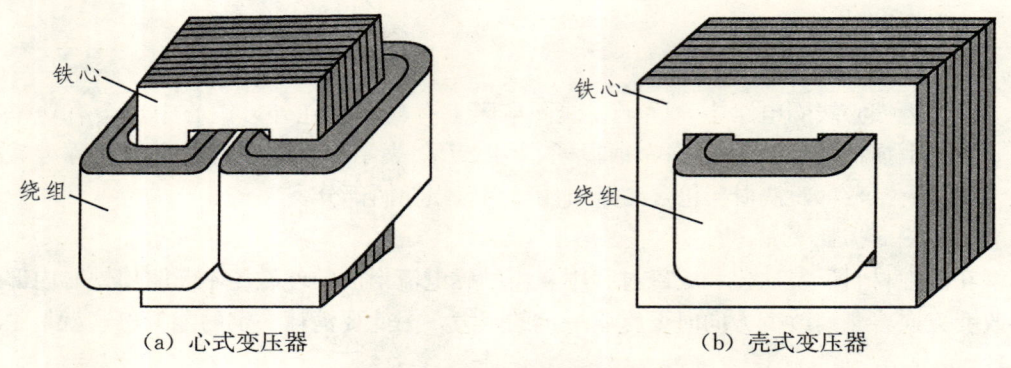

(a) 心式变压器　　　　　　　　　(b) 壳式变压器

图 5-5　单相变压器的结构

铁心是变压器的磁路部分，为了减少铁心中的磁滞损耗和涡流损耗，铁心通常用含硅量较高、厚度为 0.35 mm 的硅钢片交叠而成。为了隔绝硅钢片相互之间的电的联系，每一片硅钢片的两面都涂有绝缘清漆。

绕组是变压器的电路部分，用绝缘铜导线或铝导线绕制，其形状多为圆柱形。通常，电压高的绕组称为高压绕组，电压低的绕组称为低压绕组。低压绕组一般靠近铁心放置，而高压绕组则置于外层。为了防止变压器内部短路，在绕组和绕组之间、绕组和铁心之间，以及每相绕组的各层之间，都必须绝缘良好。

除铁心和绕组外，变压器一般还有外壳，用来保护绕组免受机械损伤，并起屏蔽作用。较大容量的变压器还具有冷却系统、保护装置及绝缘套管等。大容量变压器通常采用三相变压器。

5.3.2　变压器的工作原理

1. 变压器的变压原理

下面以单相双绕组变压器为例分析其工作原理：在一个闭合的铁心上缠绕两个绕组，其匝数既可以相同，也可以不同，但一般是不同的。如图 5-6 所示，两个绕组之间只有磁的耦合，而没有电的联系。

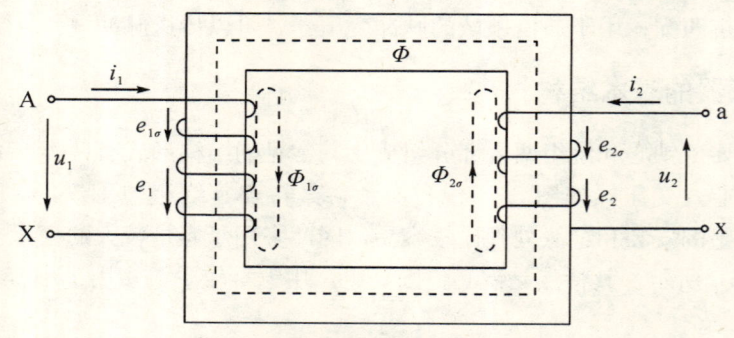

图 5-6　单相双绕组变压器原理图

与电源相连的绕组，通以交流电，通常称为原边绕组（或初级绕组、一次绕组），以 A、X 标注其出线端；与负载相连的绕组，送出交流电，通常称为副边绕组（或次级绕组、二次绕组），以 a、x 标注其出线端。原边的匝数、电压、电动势、电流分别以 N_1、u_1、e_1、i_1 来表示，副边的匝数、电压、电动势、电流分别以 N_2、u_2、e_2、i_2 来表示。

当原边绕组接通电源时，便会在铁心中产生与电源电压同频率的交变磁通。忽略漏磁，该磁通便同时与原、副边绕组相交链，耦合系数 $k_c=1$，这样的变压器称为理想变压器。根据电磁感应定律，可写出电压、电动势的瞬时方程式，分别为

$$u_1 = -e_1 = N_1 \frac{\mathrm{d}\Phi}{\mathrm{d}t} \tag{5-12}$$

$$u_2 = -e_2 = N_2 \frac{\mathrm{d}\Phi}{\mathrm{d}t} \tag{5-13}$$

于是可得电动势比 $\left|\dfrac{u_1}{u_2}\right| = \dfrac{e_1}{e_2} = \dfrac{N_1}{N_2} = K$，其中 K 称为变压器的变比，也称为匝数比。若磁通、电动势均按正弦规律变化，通常用有效值之间的比值来表示：

$$\frac{U_1}{U_2} = \frac{N_1}{N_2} = K \tag{5-14}$$

2. 变压器的变流原理

在变压器的一次绕组上加额定电压，二次绕组接负载，则在二次绕组感应电动势 e_2 的作用下，产生二次绕组电流 i_2。由 $U_1 \approx E_1 = 4.44 f N_1 \Phi_m$ 可得，当电源频率 f 及一次侧线圈匝数一定时，变压器主磁通的大小主要由外加电压 U_1 决定，与负载大小无关。因此接负载时产生主磁通的一次、二次绕组合成的磁动势和空载时产生的磁动势相等，即

$$i_1 N_1 + i_2 N_2 = i_{10} N_1 \tag{5-15}$$

其中，空载电流 i_{10} 很小，可忽略不计，因此有

$$i_1 N_1 \approx -i_2 N_2$$

其相量形式为

$$\dot{I}_1 N_1 \approx -\dot{I}_2 N_2 \tag{5-16}$$

由式（5-16）可得变压器一、二次电流有效值的关系为

$$\frac{I_1}{I_2} \approx \frac{N_2}{N_1} = \frac{1}{K} \tag{5-17}$$

以上结论也可以从能量守恒的角度分析得出：由于变压器效率高、损耗较小，因此原边线圈从电源汲取的功率和副边线圈输出的功率基本相等，即有 $P_1 = U_1 I_1 = P_2 = U_2 I_2$；再根据变压器变压原理，即可得到上述结论。

可见，当变压器运行于额定状态时，一、二次电流之比近似于其匝数比的倒数。改变一、二次绕组的匝数可以改变一、二次绕组的电流比值，这就是变压器的变流原理。

根据变压器的变流原理，有如下结论：

（1）变压器空载工作时，副边电流 $i_2=0$，此时原边电流 $i_1 \approx 0$，仅有较小的空载励磁电流 i_{10}。

（2）变压器接负载工作时，副边电流 i_2 由负载大小决定，而原边电流 i_1 也由副边

电流决定。

例 5-1 有一台电压为 220 V/36 V 的降压变压器,副边接一盏 36 V/40 W 的灯泡,试求:①若变压器的原边绕组匝数为 1100 匝,副边绕组匝数是多少?②灯泡点亮后,原、副边的电流各为多少?

解:①由变压器变压原理得:$N_2 = \dfrac{U_2}{U_1} N_1 = \dfrac{36}{220} \times 1100 = 180$(匝)

②由 $P_2 = U_2 I_2$ 得:$I_2 = \dfrac{P_2}{U_2} = \dfrac{40}{36} = 1.11$(A)

由变压器变流原理得:$I_1 = \dfrac{N_2}{N_1} I_2 = \dfrac{180}{1100} \times 1.11 = 0.18$(A)

3. 变压器的变阻抗原理

变压器不仅可以变换电压和电流,还可以变换阻抗。如图 5-7 所示,负载阻抗 $|Z_L|$ 接在变压器二次侧,从变压器的一次输入端看,图中虚线框内的变压器电路可用另一个虚线框内的等效阻抗 $|Z_L|'$ 代替。当忽略变压器的漏磁和损耗时,等效阻抗为

$$|Z_L|' = \dfrac{U_1}{I_1} = \dfrac{(N_1/N_2)U_2}{(N_2/N_1)I_2} = (N_1/N_2)^2 |Z_L| = K^2 |Z_L| \tag{5-18}$$

这就是变压器变换阻抗的功能,常用在电子技术中起阻抗匹配作用,以获得最大输出功率。例如,对音响设备而言,为了使扬声器获得最佳的音响效果,要求音响设备的输出阻抗与扬声器的阻抗尽量相等。但实际上扬声器的阻抗往往比较小,而音响设备的输出阻抗很大,为此通常在两者之间接入一个变压器来达到阻抗匹配的目的。

综上所述,变压器具有变换电压、变换电流和变换阻抗的功能。

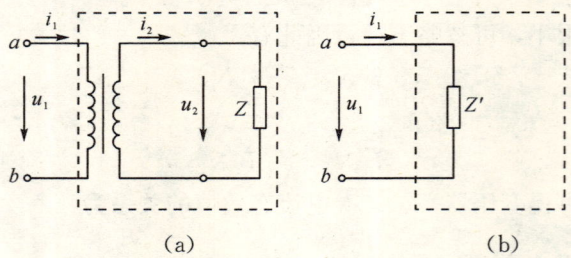

图 5-7 阻抗变换电路

例 5-2 在图 5-8 所示电路中,已知信号源的电压 $U_S = 12$ V,内阻 $R_0 = 1$ kΩ,负载电阻 $R_L = 8$ Ω,变压器的变比 $K = 10$,求负载上的电压 U_2。

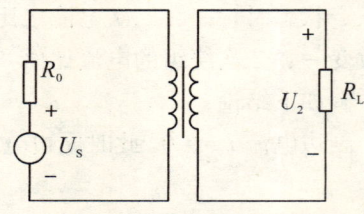

图 5-8 例 5-2 电路图

解：把负载电阻 R_L 变换为等效电阻

$$R' = K^2 R_L = 10^2 \times 8 = 800(\Omega)$$

则

$$I_1 = \frac{U_S}{R_0 + R'} = \frac{12}{1000 + 800} = 6.67(\text{mA})$$

根据变流原理：

$$I_2 = KI_1 = 10 \times 6.67 = 66.7(\text{mA})$$

故负载上的电压

$$U_2 = I_2 R_L = 66.7 \times 8 = 53.36(\text{mV}) \approx 0.533(\text{V})$$

由

$$U_1 = U_S - I_1 R_0 = 12 - 0.00667 \times 1000 = 5.33(\text{V})$$

也可由变压原理求得负载电压

$$U_2 = \frac{U_1}{K} = \frac{5.33}{10} = 0.533(\text{V})$$

5.3.3　变压器的主要技术参数

变压器是常用的电气设备之一，在应用变压器时应根据实际使用环境选用合适的变压器参数，以保障变压器的正常工作，并延长其使用寿命。变压器的主要技术参数如下。

1. 额定电压 U_{1N} 和 U_{2N}

指变压器二次侧开路时，一、二次侧允许的电压值。

2. 额定电流 I_{1N} 和 I_{2N}

指变压器满载运行时，一、二次侧允许的电流值。

3. 额定容量 S_N

指变压器输出的额定视在功率，$S_N = U_{2N} I_{2N}$，其单位为千伏安（kV·A）。

4. 额定频率 f_N

指电源的工作频率。我国供电标准频率为 50 Hz。

5. 电压调整率

指变压器由空载到满载时，二次侧电压的相对变化率，它反映了变压器带负载后输出电压的稳定性，可表示为：

$$\Delta U = \frac{U_{20} - U}{U_{20}} \times 100\% \tag{5-19}$$

6. 变压器的损耗

与交流线圈一样，变压器在运行时也有两种功率损耗，即铜损 ΔP_{Cu} 和铁损 ΔP_{Fe}。铜损为原、副边绕组通过电流时产生的损耗：

$$\Delta P_{Cu} = I_1^2 R_1 + I_2^2 R_2 \tag{5-20}$$

由上式可知，当负载电流发生变化时，铜损也随之变化。因此，铜损是可变损耗。

铁损是铁心中涡流损耗与磁滞损耗之和,即
$$\Delta P_{Fe} = \Delta P_h + \Delta P_e \tag{5-21}$$
由于变压器的主磁通 Φ_m 基本不变,铁损也基本不变,所以铁损是不变损耗。

综上,变压器的损耗为一、二次绕组通电产生的铜损和铁心中产生的铁损之和,即
$$\Delta P = \Delta P_{Cu} + \Delta P_{Fe} \tag{5-22}$$

7. 变压器的效率

变压器的效率定义为输出有功功率与输入有功功率的比值,常用下式表示:
$$\eta = \frac{P_2}{P_1} = \frac{P_2}{P_2 + \Delta P} \times 100\% \tag{5-23}$$

通常变压器的损耗较小,效率较高。小型变压器的效率一般为 70%~85%,大型变压器的效率可达 98%~99%。

5.3.4 互感和同名端

1. 互感

当一个线圈中的电流发生变化时,在邻近的另个一线圈中产生感应电动势,这种现象叫作互感现象。互感现象是一种常见的电磁感应现象,不仅发生于绕在同一铁心上的两个线圈之间,而且可以发生于任何两个相互靠近的电路之间。

如图 5-9 所示,A、B 两个线圈绕制在同一铁心上,它们之间没有直接的电的联系。一个线圈中磁场的磁通穿过另一线圈的部分,叫作互感磁通。由于一个线圈中的电流发生变化而在另一个线圈中产生感应电动势的现象,叫作互感现象,在互感现象中产生的电动势叫作互感电动势。

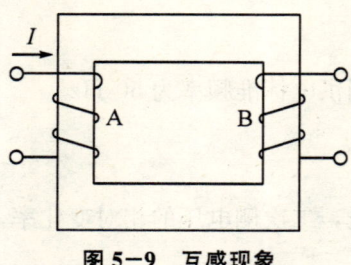

图 5-9 互感现象

若第一个线圈中的电流变化率为 $\frac{\Delta i_1}{\Delta t}$,则在第二个线圈中产生的互感电动势为 $e_{M2} = M\frac{\Delta i_1}{\Delta t}$;若第二个线圈中的电流变化率为 $\frac{\Delta i_2}{\Delta t}$,则在第一个线圈中产生的互感电动势为 $e_{M1} = M\frac{\Delta i_2}{\Delta t}$。$M$ 为两个线圈的互感系数,单位为亨(H)。

M 的大小与两个线圈各自的自感系数有关,还与两个线圈的相对位置有关。两个线圈互感系数的大小和它们的自感系数的关系为:$0 \leqslant M \leqslant \sqrt{L_1 L_2}$。

2. 同名端

在同一变化磁通作用下，几个线圈的感应电动势极性相同的端点叫作同名端，极性相反的端点叫作异名端。标记同名端时，常使用点号（•）或星号（*）。

同名端的判别方法如下：

对于无分支磁路，如图 5-10(a) 所示，假设某一瞬间磁路中有一变化的磁通，在磁路中的每一个线圈中都会产生感应电动势。由安培定则可知，在同一磁路平面上，绕向相同（同时从前或后开始绕向铁心）的线圈的端点（图中 B、C、E）感应电动势的极性相同，是同名端；绕向相反（一前一后绕向铁心线圈）的两个端点就是异名端，图中 A 和 C，A 和 E，B 和 D 等都是异名端。

对于有分支磁路，如图 5-10(b) 所示，线圈 1 和 2 同在 Ⅰ 回路上，线圈 2 和 3、1 和 3 同在 Ⅱ 回路上。对于线圈 1 和 2，可以把回路 Ⅰ 的顺时针绕向作为参考方向，按参考方向，凡顺时针（或逆时针）绕向回路的端点就是同名端，如图中 A 和 C 为同名端。用相同的方法可以判断线圈 2 和 3 之间，C 和 E 为同名端；1 和 3 之间，A 和 E 为同名端。

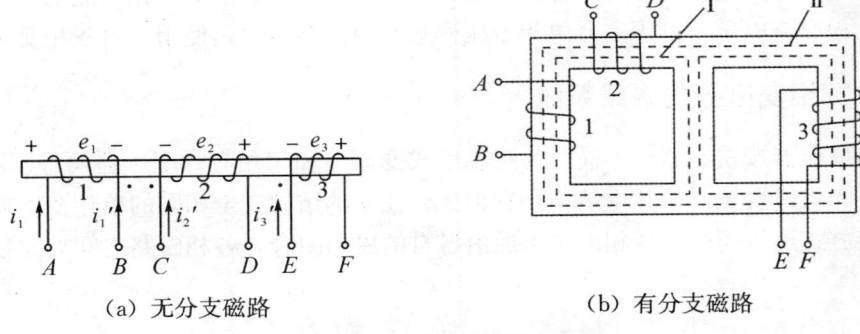

(a) 无分支磁路　　　　　　　　(b) 有分支磁路

图 5-10　同名端示意图

同名端的确定对于变压器的串、并联使用非常重要，若接线错误，可能导致设备不能正常工作，甚至烧毁变压器。因此，测定同名端也是使用变压器的一项基本技能。变压器同名端的测定方法很多，下面介绍一种常用的方法：瞬间电流法。

（1）校表、验表。检查万用表的外观是否破损，并水平放置。将万用表的红、黑表笔插入正确的孔位，先进行机械调零，使指针"左对零"；再选择合适的欧姆挡位（$R \times 100$ 或 $R \times 1k$），进行欧姆调零，即将红黑表笔短接，使指针"右对零"。

（2）按照图 5-11 接线。变压器高压线圈的 A 端接电池正极，X 端接电池负极，万用表选择直流毫安挡的最小量程（0.5 mA），将两支表笔接低压线圈的 a、x 端。

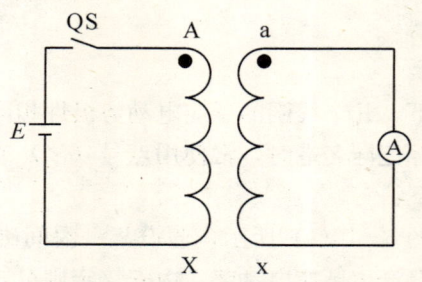

图 5-11　变压器同名端测定接线图

(3) 接通开关，在通电瞬间，注意观察万用表指针偏转方向，如果指针正向偏转（向右偏转），则表示变压器接电池正极端头和万用表红色表笔所接的端头为同极性；如果万用表的指针负向偏转，则表示变压器接电池正极的端头和万用表黑色表笔所接的端头为同极性。

5.4　三相变压器

交流电能的产生和输送几乎都采用三相制，要把某一数值的三相交流电压变换为同频率的三相交流电压，可用三台单相变压器来实现，但通常是使用一台三相变压器。

5.4.1　三相变压器的磁路系统

三相变压器按铁心结构不同分为三相组式变压器和三相心式变压器两种。图 5-12 所示是三相组式变压器的基本结构，它由三台独立的结构完全相同的单相变压器按照一定的连接方式连接而成，各相的主磁通沿各自的磁路闭合，各相磁路之间彼此独立。

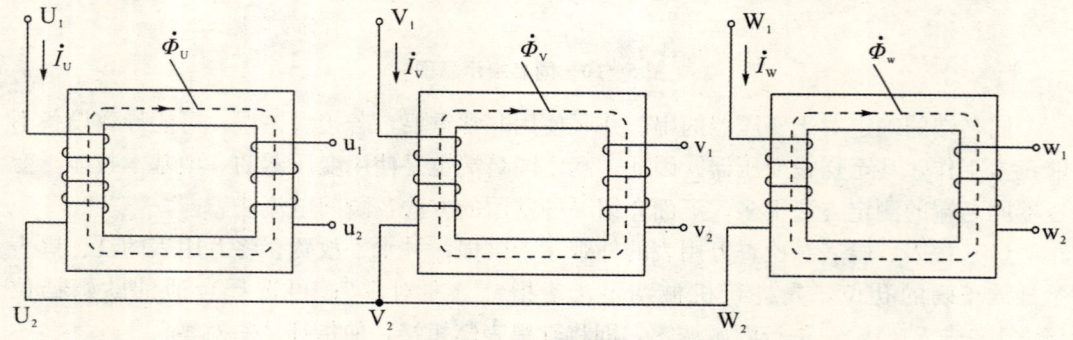

图 5-12　三相组式变压器及其磁路

三相组式变压器便于制造，但是所用材料较多，造价较高，占地面积大，仅用于运输条件受到限制的大型或超大型电力变压器。

三相心式变压器每一相都有一个铁心柱，三相磁路彼此相关，任意一相的主磁通都要借助其他两相的磁路作为自己的闭合磁路，如图 5-13 所示。当三相对称绕组接到三相对称电源上，三相电流对称，三相主磁通也对称，因此三相主磁通之和等于零，即

$$\dot{\Phi}_U + \dot{\Phi}_V + \dot{\Phi}_W = 0$$

这样，中间铁心柱上没有磁通通过，可将其省略。为了便于制造和降低成本，同时也减小铁心的体积，将三个铁心柱置于一个平面内，便得到三相心式变压器的铁心结构，如图 5-14 所示。

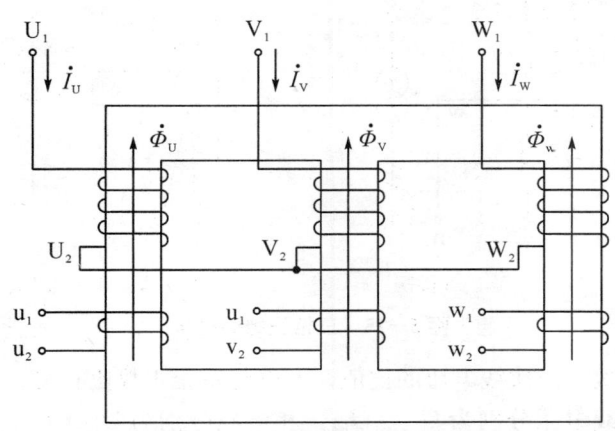

图 5-13　三相心式变压器及其磁路

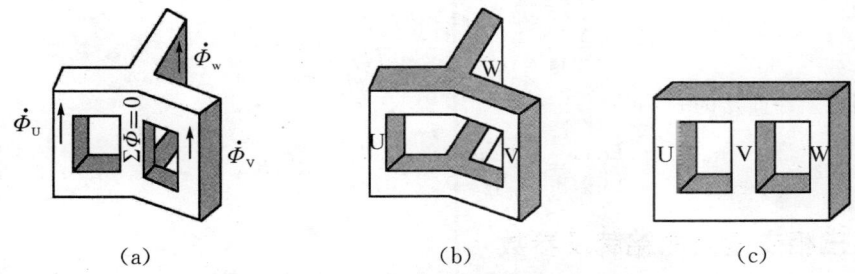

图 5-14　三相心式变压器的铁心结构

与三相组式变压器相比，三相心式变压器节省材料，效率高，成本低，安装占地面积较小，运行维护比较方便，因此三相心式变压器得到了广泛的应用。

5.4.2　三相变压器绕组的接法

三相变压器的一次、二次绕组可以根据需要分别接成星形或者三角形。通常用 Y 或 y 表示星形连接，用 D 或 d 表示三角形连接，大写字母表示高压侧，小写字母表示低压侧。若星形连接中有中性线引出，则用 YN 或 yn 表示。

三相变压器绕组常见的连接方法有 Y，yn 连接或 Y，d 连接。如图 5-15 所示，输入端 U_1、V_1、W_1 接高压输电线，输出端 u_1、v_1、w_1、N 接低压配电柜。

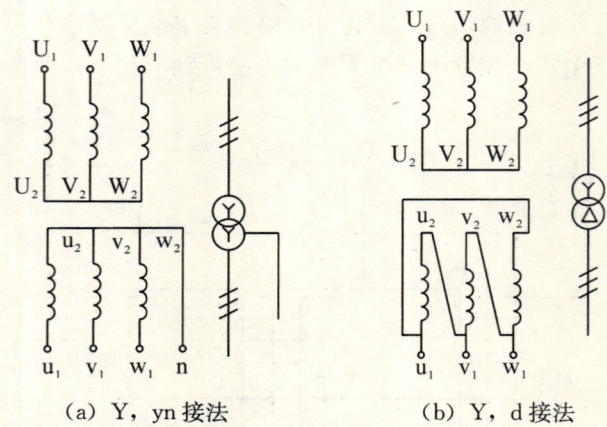

(a) Y，yn 接法　　　　(b) Y，d 接法

图 5-15　三相绕组的接法

三相变压器一次、二次线电压的比值，不仅与每相匝数比有关，而且与连接方式有关。设一次、二次线电压分别为 U_{L1}、U_{L2}，相电压分别为 U_{P1}、U_{P2}，匝数分别为 N_1、N_2，则采用 Y，yn 连接时，有

$$\frac{U_{L1}}{U_{L2}} = \frac{\sqrt{3}U_{P1}}{\sqrt{3}U_{P2}} = \frac{N_1}{N_2} = K \tag{5-24}$$

采用 Y，d 连接时，有

$$\frac{U_{L1}}{U_{L2}} = \frac{\sqrt{3}U_{P1}}{U_{P2}} = \sqrt{3}\,\frac{N_1}{N_2} = \sqrt{3}K \tag{5-25}$$

5.4.3　三相变压器的铭牌及参数

在每台电力变压器的油箱上都有一块铭牌，标示其型号和主要参数，作为正确选用和使用变压器的参考依据，如图 5-16 所示。

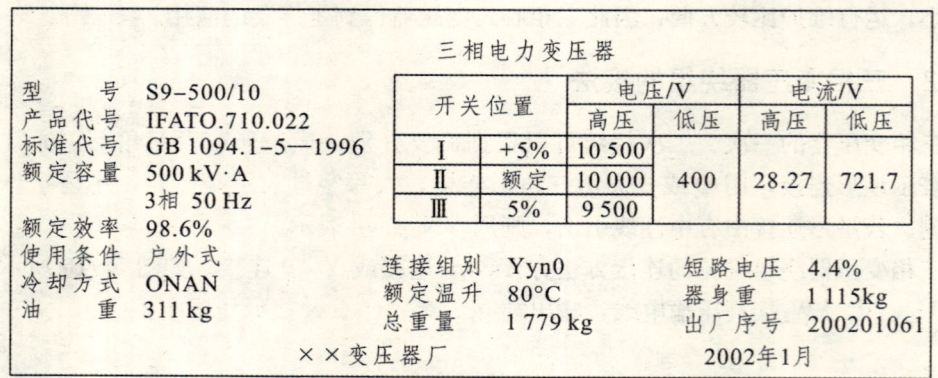

图 5-16　三相电力变压器铭牌

1. 型号

型号可以表示变压器的结构特点、额定容量和高压侧的电压等级等基本信息。变压器的型号含义如图 5-17 所示。

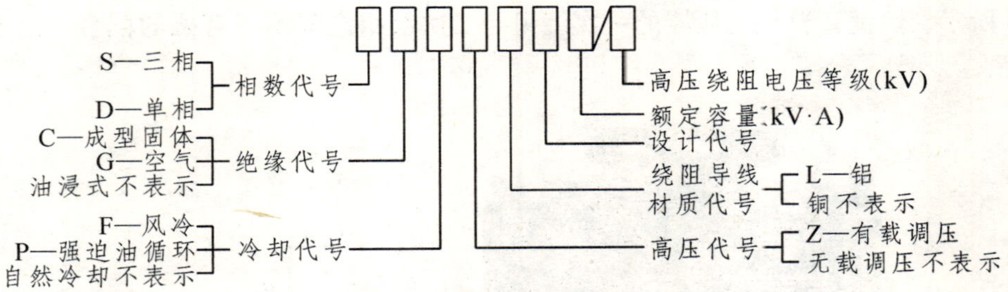

```
S—三相  ┐
                ├ 相数代号                    高压绕阻电压等级(kV)
D—单相  ┘                                    额定容量(kV·A)
C—成型固体 ┐                                 设计代号
G—空气    ├ 绝缘代号                         绕阻导线    ┌ L—铝
油浸式不表示 ┘                               材质代号    └ 铜不表示
F—风冷    ┐                                              ┌ Z—有载调压
P—强迫油循环 ├ 冷却代号                      高压代号    └ 无载调压不表示
自然冷却不表示 ┘
```

图 5-17 变压器的型号含义

例如，型号为 S9-500/10，表示三相油浸自冷式铜绕组变压器，其中，9 表示设计序号，500 表示额定容量为 500 kV·A，10 表示高压侧等级为 10 kV。

2. 额定电压 U_{1N} 和 U_{2N}

高压侧（一次绕组）额定电压 U_{1N} 是指加在一次绕组上可正常工作的线电压值。如图 5-16 所示，高压侧标出三个电压值，可以根据高压侧供电电压的实际情况，在额定值的 ±5% 范围内加以选择。当供电电压偏高时，可调至 10500 V，偏低时可调至 9500 V，以保证低压侧的额定电压为 400 V 左右。

低压侧（二次绕组）额定电压 U_{2N} 是指变压器在空载时，高压侧加上额定电压后，二次绕组两端的线电压值。

3. 额定电流 I_{1N} 和 I_{2N}

额定电流 I_{1N} 和 I_{2N} 是根据变压器容许发热的条件而规定的满载线电流值。I_{1N} 为流过一次绕组的线电流值，I_{2N} 为流过二次绕组的线电流值。

4. 额定容量 S_N

额定容量 S_N 是指变压器在额定工作状态下，二次绕组的视在功率，其单位为千伏安（kV·A）。单相变压器的额定容量为

$$S_N = \frac{U_{2N} I_{2N}}{1000} \tag{5-26}$$

三相变压器的额定容量为

$$S_N = \frac{\sqrt{3} U_{2N} I_{2N}}{1000} \tag{5-27}$$

5.5 其他变压器

5.5.1 自耦变压器

普通变压器一般指双绕组变压器，其一、二次绕组在电路上是互相分开的。自耦变压器的一次绕组与二次绕组共用一个绕组，二次绕组是从一次绕组中抽头而来，如图

5-18 所示。因此，自耦变压器的一次绕组与二次绕组之间不仅有磁的耦合，还有电路的联系。

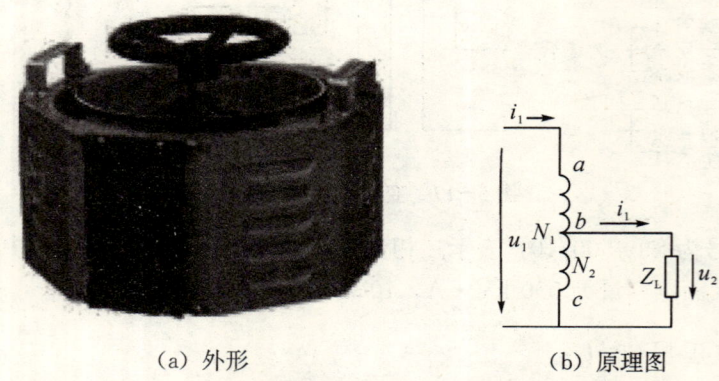

(a) 外形　　　　　　(b) 原理图

图 5-18　自耦变压器的外形及原理图

自耦变压器的一、二次电压、电流间的关系与普通变压器完全相同，即

$$\frac{U_1}{U_2} = \frac{I_2}{I_1} \approx K$$

实验室中常用的调压器就是一种通过改变副边绕组匝数来改变输出电压的自耦变压器，输出电压在 0～250 V 可调，其外形如图 5-18（a）所示。除单相调压器外还有三相调压器。

自耦变压器的优点是结构简单、节省材料，但安全性稍差。在实验室中使用时应注意：在使用自耦变压器之前，必须把手柄转到零位，使输出电压为零，然后再慢慢顺时针转动手柄，使输出电压逐步上升。而且按照电气安全操作规程的规定，自耦变压器不能作为安全变压器使用，因为线路一旦接错，将会发生触电事故。因此，规定安全变压器一定要采用一次绕组和二次绕组互相分开的双绕组变压器。

5.5.2　仪用互感器

用于电工测量和保护控制的变压器称为仪用互感器。其主要功能是测量常规电流表和电压表无法直接测量的大电流和高电压，通常有电流互感器和电压互感器两种。

1. 电流互感器

测量高压线路里的电流或测量大电流时，通常采用电流互感器。电流互感器一次绕组的匝数很少，只有一匝或几匝，串联在被测电路中，流过被测电流。由于电流互感器的负载是仪器仪表的电流线圈，这些线圈的阻抗都很小，所以电流互感器相当于一台处于短路运行状态的小型升压变压器。其接线如图 5-19 所示。

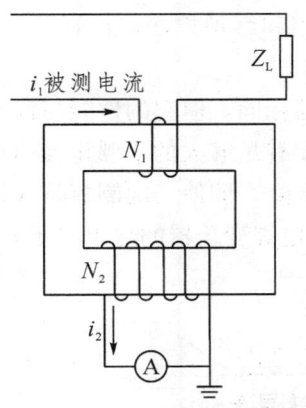

图 5-19 电流互感器接线原理图

电流互感器利用一次绕组与二次绕组不同的匝数关系,可将线路上的大电流成正比地变为小电流来测量。根据变压器的变流原理 $I_1/I_2 = K^{-1}$,为了统一电流表表头规格,通常电流互感器副边绕组的额定电流规定为 5 A 或 1 A。电流表的读数 I_2 乘上 K^{-1} 即为被测的大电流 I_1。

2. 电压互感器

电压互感器相当于一台小型的降压变压器。它的一次绕组匝数很多,二次绕组匝数较少。工作时,一次绕组并联在需要测量电压的电路上,二次绕组接在电压表或功率表的电压线圈上。其外形及接线原理图如图 5-20 所示。电压互感器有两种误差:一为电压变比误差,二为相位角误差。按电压变比相对误差的大小,电压互感器的精度可分为 0.2、0.5、1.0 和 3.0 四个等级。

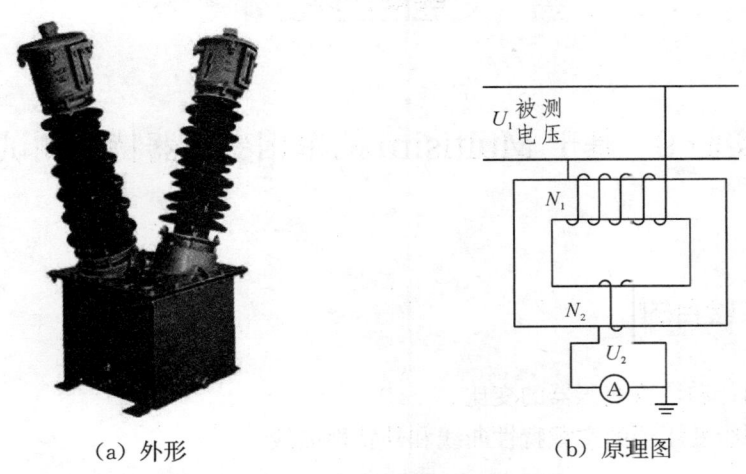

(a) 外形　　　　　　　　(b) 原理图

图 5-20 电压互感器的外形及接线原理图

5.5.3 电焊变压器

交流电焊机又称电焊变压器。它是一种具有特殊外特性的降压变压器,由于结构简单、成本低廉、制造容易、使用和维护方便，得到了广泛的应用。其原理示意图如图 5-21(a) 所示。

它的工作原理与普通变压器相同，但它的性能与普通变压器差别很大。电焊变压器的特点是：焊接前，二次绕组要有足够大的引弧电压（60~75 V）；焊接时，随焊接电流的增大，二次电压又能迅速下降，即使二次侧短路（如焊条碰到工件时，二次电压为零），二次侧电流也不会太大。电焊变压器的输出电压 u_2 与输出电流 i_2 之间的关系如图 5-21(b) 所示。

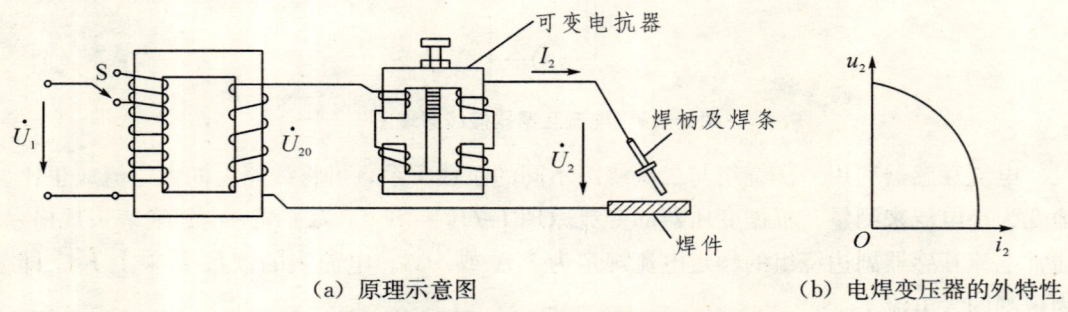

(a) 原理示意图　　　　　　　　　(b) 电焊变压器的外特性

图 5-21　电焊变压器的原理示意图及外特性

电焊变压器的一、二次绕组分装在两个铁心上，二次绕组与一个可变电抗器串联。可变电抗器的铁心不但有一定的空气隙，而且转动螺杆还可以改变空气隙的大小，从而获得不同大小的焊接电流。当气隙增大时，电流增大，外特性曲线右移；反之，当气隙减小时，电流将减小，外特性曲线左移。

实践任务

实验 9　基于 Multisim 的单相变压器特性测试

一、实验目的

(1) 能测量和计算变压器的变比。
(2) 能测绘变压器的空载特性曲线和外特性曲线。

二、实验原理

1. 变压器的空载特性

变压器副边开路时，处在空载状态，原边电流 $I_1 = I_{10}$ 为空载电流，其大小与原边电压 U_1 有关，两者之间的关系特性称为空载特性，用 $U_1 = f(I_{10})$ 表示。由于空载电流 I_{10} 与磁场强度 H 成正比，磁感应强度 B 与电源电压 U_1 成正比。因此，空载特性曲线与铁心的磁化曲线（$B-H$ 曲线）是一致的。空载实验一般在低压绕组加压，高压绕组开路。

2. 变压器的外特性

保持原边电压 U_1 和负载功率因数不变，在不同负载下，副边端电压 U_2 随副边电流 I_2 变化的特性称为外特性，用 $U_2 = f(I_2)$ 表示。外特性反映了变压器在不同负载条件下的性能表现，是评价变电压性能的重要指标之一。

三、实验设备

实验设备清单见表 5-1。

表 5-1 实验设备清单

序号	名称	型号与规格	数量	备注
1	Multisim 软件		1	
2	可调交流电源	0~1000 V	1	
3	万用表	0~200 mA，0~200 V	4	
4	白炽灯	12 V/10 W	1	
5	可调电阻器	0~100 Ω	1	
6	开关		1	
7	变压器	变比为 10∶1	1	

四、实验内容

1. 测变比及空载特性

（1）按照图 5-22 接线，其中，万用表 1 和万用表 2 设置为交流电流表，万用表 3 和万用表 4 设置为交流电压表。

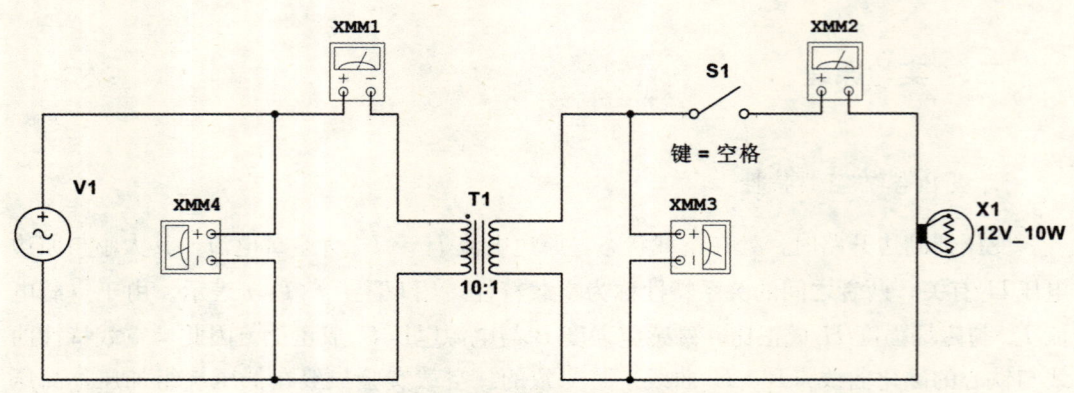

图 5-22 变压器特性测试实验电路图

仿真电路源文件

(2) 断开开关 S1，调节输入交流电压大小，使原边电压 U_1 依次为表 5-2 给定的值，测量副边电压 U_{20} 以及一次侧空载电流 I_{10} 的大小。将实验数据记入表 5-2 中。

表 5-2 单相变压器变比及空载特性测定

U_1/V	0	12	24	48	60	72	84	96	108	120
U_{20}/V										
I_{10}/A										
变比 K										

2. 测外特性

将实验电路中的白炽灯换成可调电阻器，闭合开关 S1，保持原边电压 U_1 为 120 V 不变，使可调电阻器阻值依次为表 5-3 给定的值，测量副边电压 U_2 以及一次侧和二次侧电流大小。将实验数据记入表 5-3 中。

表 5-3 单相变压器外特性测定

R/Ω	0	5	10	20	30	40	50	60	80	100
U_2/V										
I_1/A										
I_2/A										

五、实验报告

(1) 根据实验内容和数据，绘制变压器的空载特性曲线和外特性曲线。

(2) 根据所测数据计算变压器变比。
(3) 总结实验收获、心得体会。

思考练习

一、填空题

1. 在电磁控制系统中，磁路主要由_____和_____组成。
2. 磁通是磁场中垂直穿过某面积的_____的总和，用_____来表示。
3. 交流铁心线圈的铁损耗主要包含_____和_____两大损耗。
4. 特殊用途的变压器包括_____、_____等。

二、判断题

1. 变压器是利用电磁感应原理进行能量变换的电气设备。（　　）
2. 变压器中既有电的联系，又有磁的联系。（　　）
3. 线圈通过的电流越大，所产生的磁场就越强。（　　）
4. 变压器可以变换电压、电流和阻抗，也可以变换频率和功率。（　　）

三、选择题

1. 变压器中通过（　　）形成闭合回路的路径称为磁路。
   A. 线圈　　　　　B. 铁心　　　　　C. 气隙　　　　　D. 磁场
2. 某理想变压器 $K=10$，当一次侧绕组匝数 $N_1=100$ 时，二次侧绕组匝数为（　　）
   A. 10　　　　　　B. 50　　　　　　C. 100　　　　　D. 1000
3. 变压器不能用来变换（　　）。
   A. 电流　　　　　B. 电压　　　　　C. 功率　　　　　D. 阻抗

四、简答题

1. 变压器的作用是什么？
2. 变压器中有哪些损耗？它们产生的原因是什么？什么是变压器的效率？
3. 自耦变压器有何特点？
4. 现用电流互感器测量电气设备中的电流，所用电流互感器的变比为 100/5，连接测量电流表后测得读数为 15 A，求被测电流为多大，并解释原因。

五、计算题

1. 某单相变压器的一次侧电压 U_1 为 220 V，二次侧电压 U_2 为 5 V，二次侧匝数 N_2 为 25 匝，求此变压器的变比和一次绕组的匝数。
2. 单相变压器一次、二次侧额定电压为 220 V、36 V，容量为 2 kV·A。①求变压器一次、二次侧的额定电流。②二次侧接 36 V/100 W 的白炽灯 10 盏，此时一次、二次侧电流为多少？
3. 如图 5-23 所示，扬声器的电阻 $R_L=8\ \Omega$，为了在输出变压器的一次侧得到 256 Ω 的等效电阻，求输出变压器的变比。

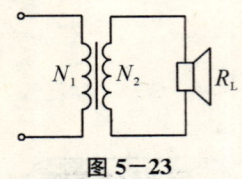

图 5-23

4. 一台容量 $S_N=20\ kV\cdot A$ 的照明变压器，它的电压为 6 600 V/220 V，请问它能够为多少盏 220 V/40 W 的白炽灯供电？

5. 单相变压器一次绕组匝数 $N_1=1000$ 匝，二次绕组匝数 $N_2=500$ 匝，现一次侧加电压 $U_1=220\ V$，二次侧接阻性负载，测得二次侧电流 $I_2=4\ A$。忽略变压器的内阻抗及损耗，试求：①一次侧等效阻抗 $|Z_1'|$；②负载消耗功率 P_2。

6. 变压器二次侧电压 $U_2=20\ V$，在接有阻性负载时，测得二次侧 $I_2=5.5\ A$，变压器的输入功率为 132 W，试求变压器的效率及损耗的功率。

7. 如图 5-24 所示是一台小功率电源变压器，一次绕组匝数为 550 匝，接 220 V 电源。有两个二次绕组，一个电压为 36 V，负载功率为 36 W，另一个电压为 12 V，负载功率为 24 W。不计空载电流，求：①二次侧两个绕组的匝数；②一次绕组的电流；③变压器的容量至少应为多少。

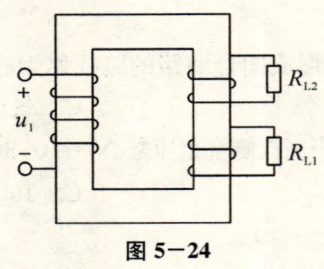

图 5-24

参考答案

参考文献

[1] 邓勇,王海军,牟刚. 电工技术及应用 [M]. 成都:西南交通大学出版社,2020.
[2] 冯泽虎. 电工技术 [M]. 北京:高等教育出版社,2017.
[3] 谭述芝. 电工实验 [M]. 成都:西南交通大学出版社,2017.
[4] 周守昌. 电路原理 [M]. 北京:高等教育出版社,2004.
[5] 史立平,王艳. 电工电子技术 [M]. 北京:中国电力出版社,2014.
[6] 荆珂,段波. 电路基础与实践 [M]. 大连:大连理工大学出版社,2014.
[7] 樊延忠. 城市轨道交通电工技术 [M]. 北京:人民交通出版社,2023.